韓国の味

韓国の味

食とはつまるところ記憶である

食と文学

食とはつまるところ記憶である

装丁　髙橋潤子／装画　北谷しげひさ／扉字　池多亜沙子

韓国の美味しい知恵

すべては醤《ジャン》から始まった

きむ・すひゃん
Kim Suehyang

きむ・すひゃん
ソウルの西村で発酵ラボ「Qyun」を営む、食文化研究家。在韓27年。韓国の発酵料理、古代料理の復元、生産者と消費者を結ぶマルシェの実現など多様な活動を行う。
Instagram / @sukkara_seoul
@grocery_cafe_qyun

朝鮮半島では今も一つの甕からカンジャンとテンジャンという二つの醤が作られている

一つの甕からできる二つの醤

その地の食材を使い季節や風土に寄り添って、見えない菌を上手に操りながら、食品の保存性はもちろん旨味や栄養価まで生んでいく発酵文化。世界中に発酵文化は存在すれど、東アジアの発酵文化といえば「醤」である。

醤の始まりは古代中国の肉や魚に塩を加えて発酵させた魚醤、肉醤だといわれている。大豆の原産地である古代満洲地域（中国東北地方）で暮らしていた遊牧民族は、農耕技術を学んで穀物中心の食生活へと移行していく中で、脂肪分を補うためにその地にあった大豆と醤の知恵を駆使した「豆醤」を生み出していった。古代満洲地域を拠点としていた高句麗の先祖にもあたる古代民族を中心に、豆醤文化は東アジア全体へ広がっていく。

朝鮮半島の豆醤は大豆のみで作った豆麹「メジュ」が基本。高句麗の時代の醤はメジュに塩水を加えて長時間発酵させた、どろっとした醤油と味噌の中間くらいのものだったのではないかと思われる。三国時代の神文王の婚礼式の記録では、すでにカンジャン（醤油のような液体）とテンジャン（味噌のような半固体）が区分されていることから、両者の分離は三国時代中期頃からではないかと推測される。

その時代からの流れをそのまま引き継ぎ、朝鮮半島では今も「一つの甕」からカンジャンとテンジャンという「二つの醤」が作られている。液体と半固体を別々に作る他の東アジアの醤とは異なり、朝鮮半島では液体と半固体の醤が余すことなく食べつくされる。

大豆に菌を育ててみる

15年ほど前に市場で買ったメジュを甕に入れて塩水を注ぎ、初めて醤を作ってみたのだが、非常にまずいものができあがった。知り合いのオモニに相談したところ、「市場で売っている安いメジュは輸入大豆がほとんどで、菌もちゃんと育っていないことがある。国産大豆のちゃんと発酵した美味しいメジュを買いなさい」と諭されたが、見た目だけではわからない。とりあえずはメジュが大切なのだということを認識し、知り合いの農家さんにお願いしてメジュ作りを習ったところ、その工程は驚くほど原始的で感覚的だった。

陰暦の10月から11月の間に大豆を茹でて潰し、型に入れて中に空気の層ができないようにしっかりと四角く成形した後、オンドルなどの温かい場所に藁をしいて大豆の塊を置き発酵させる。場合によっては藁紐で結んで温かい部屋などにぶら下げて発酵させたりと、地域の温度や湿度、増やしたい微生物の種類によって発酵の方法は少しずつ異なるようだ。

1ケ月ほどで微生物が十分に生育すると軒下などにぶら下げて乾燥させておく。旧正月前後の吉日に「醤を漬ける日」を選んで甕に入れるとき、メジュを割ってみて驚いた。メジュの中には白、黄、銀、金、茶、グレー、ブルーといったいろんな色のカビがびっしりと生えている。「いろんな菌がいると醤が美味しくなるのよ」と微笑む農家さんを前に、私は面白くも大変なものに手をつけてしまったことを悟って武者震いした。メジュ作りは野生の菌を自然な形で集めるので、温度、湿度、人の菌、家の菌、地域の菌など環境に影響されざるを得ない。すなわち習ったからといって同じようなメジュが作れるわけではないということだ。

茹でた大豆の粒に特定の種麹を接種するのではなく、茹でた大豆を塊にして、そのものを藁とともに発酵させ

上：鋳鉄の大釜で薪を使って4～5時間以上かけて炊いた大豆でメジュを作ると、より美味しい醤になる

下：大豆を固めたメジュは、隅々まで様々な種類の野生の菌を育てる「菌の家」

る。そうすることで、多様なカビ（麹菌など）だけでなく、枯草菌などの細菌が中央部にまで繁殖する。あらゆる野生菌類の家となったメジュによって、言葉で表現することが難しい、醤の複雑な旨味と風味が生み出されていく。

呼吸する甕と太陽の光が作りだす味

初めて韓国に来たのは1997年、1年の予定で韓国語学留学をスタートした。現在の高層マンション群が立ち並ぶソウルとは違い、当時のソウルには人々の暮らしが見え隠れする路地がまだまだたくさん残っていて、家の前や門の上のスペース、屋上には大小の甕が並んでいた。路地だけではなく高層マンションの窓の外にも甕置き場があって、小さな甕たちが気持ちよさそうに日に当たっていた。甕の中で発酵しているであろう未知の世界にわくわくしながら、路地を歩いたものだ。

醤は甕に菌の塊となったメジュを入れ、塩水を加えて発酵させたものである。メジュが塩水に完全に浸かるようセッティングし、防腐や防虫の役割をする炭と乾燥唐辛子などを加える。

甕の中で50〜90日ほど発酵させてからメジュを取り出し、それを崩したものがテンジャン。テンジャンを別の小さな甕へ移して、残った液体を甕の中でゆっくり発酵させればカンジャンの完成となる。と、文章にするとシンプルなのだけれど、この甕の中で自然の力を利用して微生物をコントロールし、美味しい醤を生み出すにはさまざまな知恵が必要になる。

工程がシンプルな分、材料だけではなく道具も重要になってくる。ハンアリと呼ばれる甕は呼吸をすることが大切で、空気は通すけれど水分を外に漏らしてはならない。甕の形が卵型の曲線なのは、屋外の日光を利用した陽醤だからだ（日本の味噌や醤油などは室内で発酵させる陰醤、または半陽醤）。

可視光線、赤外線、紫外線などが甕の曲線によって、まるでビリヤードの反射運動のように循環し、季節ごとに変化する温度と湿度のバランスをとる。よって甕を置く環境がとても大切になる。甕置き場を意味する「チャンドッテ」は日当たりがよく風が通り、家の敷地の中で一番良い環境、かつ台所に近い場所に備えられる。

昔は（醤を作り続けている人たちにとっては、今も）「醤の味が変化すると家門に不吉なことが起きる」と信じられていた。家ごとに醸した醤を中心に食卓が成り立っているので家庭の味は菌の味。結果的に味（菌）の変化は家族の健康に直結するわけだから、あながち間違っていないと思う。

昼間は甕の蓋を開けて陽に当てて雑菌の繁殖を防ぎ、夜は水分が入らないよう蓋をするなど管理に手間をかける。今では日光と風を通すように作られた甕用のガラスの蓋があるため随分楽になったとはいえ、甕の呼吸のために甕の表面を毎日綺麗に拭くのも重要な仕事である。

テンジャンとカンジャン

テンジャンは甕に移してから6ケ月ほどしたら食べ始めるが、1～2年熟成させるとより美味しくなる。カンジャンは熟成期間が1～2年ほどの色が薄く澄んだスープに適した「チョンジャン」、2～4年もののオールマイティーに使える「チュンジャン」、甘みが増して柔らかくも華麗な風味が生まれる5年以上の「チンジャン」など、甕による熟成期間によって使い分ける。

チンジャンの中でももっとも風味が良いものを選んだ「シ（種）カンジャン」を長いあいだ大切に維持していく「トッチャン（덧장）」という文化もあり、菌を受け継いでいくのが面白い。呼吸をする甕の特性上、水分が蒸発し、カンジャンの量は年々減っていくから、毎年作る新しい醤を少しずつ加えてシカンジャンの味と量を維持するのだ。逆に新しい醤を作る際に発酵を安定させ、家の味を保つためにシカンジャンを加えたりもする。トランプ大統領来韓時には長興高氏の家門で受け継がれてきた370年もののシカンジャンで味付けした料理が振る舞われ、アメリカの歴史よりも古い味と話題になった。

醤はメジュと塩と水が材料のすべてなので、どのような塩と水を使うのかも、味に大きく作用することになる。天日塩、竹塩、溶融塩などで作った醤の味を比べてみたことがあるのだが、天日塩で作る醤の味を基本とするなら、竹塩のカンジャンはこくが加わりテンジャンには不思議なクリーミーさが生まれ、溶融塩は透明感さえ感じられるすっきりした醤の味わいが印象的だった。

上：甕の中で発酵したメジュと塩水を液体「カンジャン」と半固体「テンジャン」に分け、それぞれ別の甕の中でさらに発酵させ好みの味に育てていく

下：近代まで家で醤を醸す文化が続いていた朝鮮半島では、どの家にも必ずチャンドッテ（醤の甕置き場）が存在していた。日当たりが良く風がよく通る、家の敷地の中で最も良い場所に備えるのが一般的。大きな甕で発酵させたのち、さらに分離して発酵させるため、大小の甕が必要となる

変化する醬

早くから産業化された日本や中国の醬とは違って、産業化を拒否した朝鮮半島の醬はとても長い歳月の間、家で醸され、家族共同体を中心に生産と消費が行われる自給自足の形態だった。産業化されたことのない醬に変化が訪れたのは、19世紀末に日本による醬油工場がスタートしたことによる。

植民地時代には100を超える醬油工場で日本式の醬油が作られ、物資が不足した戦時下になると醸造しない酸分解醬油、今の日本でいうアミノ酸液が登場する。独立後も朝鮮戦争などの激動の時代が続き、戦火から逃れる暮らしの中で醬を家で醸すことは難しく、安価な日本式の酸分解醬油がカンジャンという名で流通し、「ウェ(倭)カンジャン」と呼ばれるようになる。それらと区別するために、家で醸す朝鮮半島の醬を表す朝鮮カンジャン、朝鮮テンジャン、チプ(家)カンジャン、チプテンジャンという用語が生まれていく。戦後の混乱期を経てからは、家で作る朝鮮カンジャンと企業が韓国人の味の好みに近づけて販売するウェカンジャンが両立するのだが、高度成長の時代に入ると韓国人の暮らしに様々な変化が起きる。

たとえば1978年の新聞記事にこんな記述が見られる。

「生活様式に革命が起こり、インスタント食品、人工調味料が幅を利かせる一方で、家のチャンドッテ(甕置き場)が縮小している……」

今思えば私が韓国で暮らし始めた1990年代後半は、ソウルでカンジャンやテンジャンの味を日常的に経験できた最後の時期だったのかもしれない。90年代までは都会でも家で醬を作る文化はかろうじて残っていたし、だいたいどこの家に行っても地方で暮らす家族や親戚から届く手作りの醬があった。醬の味や使い方をわかっていなかった私も、友人のお母さんからお裾分けとして様々な醬をいただいた。

不思議な光景として今でもよく覚えているのは、カンジャンと市販のウェカンジャンを料理によって使い分けたり、ミックスして使っているオモニたちの姿だ。安価で手に入りやすく、甘みの強いウェカンジャンの味に慣れていくとともに、ウェカンジャンでは満たすことのできない微妙な味の違いや風味の隙間を、伝統的なカンジャンで埋めていたのだろう。

急速な都市化や産業化の中、家で醸す醤文化が衰退の一途をたどる今の韓国では、一般的な食堂や家庭で使うカンジャンといえば工場式のウェカンジャンが主流で、テンジャンもまた発酵期間が短く調味料で味を調えたものや、メジュの代わりに特定の麹菌を使用して工場生産したものがほとんどだ。一方で伝統的なカンジャンとテンジャンを作る小規模なハンアリ（甕）醤工場が、家では行われなくなった醤作りの隙間を埋めている。家で醸して食べる究極のスローフードだった朝鮮半島の醤は、美味しい醤を作ってくれるハンアリ醤工場のお蔭で、必要な時にいつでも手に入るファストフードへと変わりつつある。

雑味がなく澄んでいるのに深い

韓国留学の一番の楽しみは本場の韓国料理が毎日食べ

左：基本のメジュは大豆を四角く固めたものだが、地域、気候、季節、素材の違いによって、多様な形のメジュが存在する

右：三国時代から近年まで作られていた魚肉醤（オユッチャン）を再現した。茹でたり干したり焼いた肉類と魚介類をメジュと塩水とともに1年以上発酵させる。友人の祖父の食卓には、いつも魚肉醤がのぼっていたそう

上：美味しいテンジャンチゲは出汁が入っていなくてもぎっしり詰まった味がある。メジュを使わない近年の市販のテンジャンは出汁を引かないと美味しくならない

下：韓国の友人たちの祖父母の時代（時には親の時代も）まで、家で醬を作り、食卓にはカンジャンが入ったチョンジ（小皿）が欠かせなかったという。このカンジャンは、食事の始めに一口舐めたり、掬って食べるものでもあった

られることだった。私は金浦空港に到着したその日から、期待と想像をはるかに上回る韓国料理のバリエーションと味の多様さに衝撃を受け続けた。

大衆食堂のペッパン（定食）から様々な種類の専門店、飲み屋のつまみに親戚や友人のオモニ（お母さん）が作ってくれる家庭のご飯まで、どこで何を食べても新しく美味しかったのだが、中には「美味しい」という言葉で表現しきれない、「はっとするほど美味しい味」に出会うことが多々あった。旨味がある、風味が良い、コクがある、深みがある……どれも当てはまるけれど、でも何かが違う。言葉にするのがとても難しい、うなるほど美味しく箸が止まらない味。振り返ってみると、27年経った今まで私を韓国に引き止め続けているのは、その味の衝撃なのかもしれない。

この国の食文化を学ぶために韓国中を訪ね歩くようになり、地方の食堂はもちろん、地域ごとに違う家庭の味、宗家の味、寺の味といった多様な食を経験するにつれ、「はっとするほど美味しい味」に出会う機会がぐんと増えていった。そしてその味の側には、かなり高い確率で甕（ハンアリ）の中で醸されている醤があった。

昨年、友人たちとソウルの舊基洞《クギドン》にあるサムギョプサルの店で出てきた、シレギ（干し大根葉）で作ったシンプルなテンジャンクッ（テンジャンのスープ）がそれはそれは美味しかった。

「맑고 깨끗하고（雑味がなく澄んでいて）……」。

隣にいた友人に興奮しながら思いつく味を伝えつつも、その後に続く味の表現を探していたら、友人が叫んだ。

「깊은！（深い）」

「そう！　それそれ！」

雑味がなく澄んでいるのに深い。

私が「はっとするほど美味しい」と感じる醤の味に、今のところ最も近い表現のように感じている。

出汁いらず、朝鮮半島の醤

美味しいテンジャンを舐めてみると、旨味のある塩味とうっすらとした甘味の中に、魚や肉といった動物性のような風味が存在する。大豆だけだとわかっているのに、原材料をつい見返してしまうほどだ。そんなテンジャンで作るテンジャンチゲ（具の多い汁）は、水（または米のとぎ汁）にテンジャンを溶き入れ、野菜や豆腐などの具を入れてぐつぐつ煮込むのがポイント。テンジャンの風味をゆっくりじっくりスープに引き出すイメージで煮ると、出汁いらずで十分に味わい深いテンジャンチゲとなる。

韓国の数ある「クッ（スープ）」文化の中で、私の大好物はジャンクッという、カンジャンの中でも若いチョンジャンを使った透明感のあるスープだ。牛肉と大根の「ムックッ」、牛肉とワカメの「ミヨックッ」、干し鱈の「プゴクッ」、「牡蠣とメセンイ（カプサ青海苔）クッ」など、カンジャンを加えてぐつぐつ煮込めば、動物性の油味や臭みは中和され、爽やかさと深みが共存する美味しいスープができあがる。

チゲやクッ料理を作るたびに実感するのは、朝鮮半島のカンジャンとテンジャンはそれ自体が出汁であるということ。原材料が大豆と塩水だけだとは信じ難い、煮るほどに雑味が消えて、澄んでいるのに深くなる、なんとも不思議な調味料であり出汁なのだ。

美味しいカンジャン数滴は「ナムル」にふくよかで複雑な風味を加え、ナムルにご飯と醬を加えてさらに混ぜた「ピビムパプ」は、醬に醬を重ねた最強の醬料理。サンチュにご飯と美味しいテンジャンを巻いて頰張る「サム」、生地に醬を練りこんで焼いたり、醬をつけて食べる「ジョン（チヂミ）」、カンジャンベースの煮込み料理「チム」や「チャンジョリム」、野菜を醬に漬けて長期保存して楽しむ「チャンアチ」、生蟹をカンジャンに漬けた「ケジャン」、醬で保存性を高めた日々のおかず「ミッパンチャン」の数々……。その他にも醬を使わない料理を探す方が難しいほど、朝鮮半島の食文化は長い長い歳月の間、醬とともに育まれてきた。

大豆のメジュに塩水、甕、自然環境、そして時間が織りなすこの地の醬は、多様な野生の菌を操りながら生み出された味。その複合的な味こそ、韓国人の味の嗜好と韓国料理を生んできたベースなのだと思う。

醬ブーム、到来なるか

古《いにしえ》の時代からほんの数十年前まで、当たり前のように家で醸し続けてきた醤文化は衰退の一途を辿り、醤の作り方や使い方はもちろん、醤と市販の調味料の違いがわかる人も減ってきているのが今の韓国の現状だ。最近では在来式のカンジャン、テンジャンの味を知らない世代も増えてきている。

そんな中、「醤をつくる文化（장 담그는 문화）」のユネスコ無形文化遺産登録の可否が、２０２４年の12月に発表される。さらに韓国料理ブームも重なって、世界中のシェフたちがこぞってハンアリ工場を営む醤の作り手たちのもとを訪れ、醤を通して韓国料理の味覚を学んでいく時代となった。外の視線を通して韓国人が自ら韓国料理を、そしてそのベースとなる醤を再び見直し始めたのはここ数年のことだ。この流れが大きな波となって、韓国の食生活の中に醤が再び息を吹き返し、外食先でも醤を使った韓国料理をいただける機会が増えることを願ってやまない。

実は私は、醤の未来が意外と明るいのではないかと思っている。野生の菌と自然環境に委ねて長い時間をかけて作りあげる醤だから、作り手によって違う均一化されることのない味が難しさではあるけれど、逆に言えば酒やワインのように個性としてその違いを楽しめば競争力にもなる。ハンアリ工場のおかげで美味しい醤が買える時代、使い方さえしっかり押さえれば、出汁や他の調味料を足す必要もなく、調理はぐんと早く、シンプルになる。醤を学び理解するようになってからの私が、とても簡単に美味しい韓国料理を作れる人になったのだから、実証済みだ。

少し値は張るけれど、なによりも美味しく、スピーディーで身体に優しい醤は、今の時代だからこそ、必要とされていくのではないだろうか。私の醤作りの技術はまだまだだけれど、毎年メジュから醤を作り続けている。いつの日か醤作りに適した自然環境の中で暮らし、自分の手で「はっとするほど美味しい味」を生み出すのが夢である。

美味しい醤料理のお店

韓屋チブ（한옥집 / ハノクチプ）

서울 마포구 독막로 3 길 21-4
02-333-0862
11：00 ～ 21：00（ブレイクタイム 15：30 ～ 17：30）
日曜休み
ソウル地下鉄2・6号線「合井駅」3番出口から徒歩7分

醤からキムチまで、全てオモニの手作り。家庭の味が食べられる貴重な店。
麦ご飯のピビムパプは、コチュジャンの替わりにテンジャンで混ぜるとなお美味。
カンジャンをつけて食べるジョン（チヂミ）、テンジャンチゲも深い。

伝統食堂（전통식당 / チョントンシッタン）

전라남도 담양군 고서면 고읍현길 38-4
0507-1458-3116
11：00 ～ 20：00（ブレイクタイム 15：00 ～ 16：30，ラストオーダー 19：00）
無休

光州駅からバスで約 40 分、「고읍 コウプ」下車。タクシーで 25 分。
甕（ハンアリ）が出迎えてくれる全羅南道式班家料理の老舗。膳に料理がずらっと並ぶ「ハンサン（おまかせ膳）」には、醤を中心に様々な発酵料理が並び、エイを別注文すると出てくる6年ものの古漬けキムチもおすすめだ。

醤の購入は新世界百貨店の食品売り場がおすすめ

様々な種類の醤がありますが、必ず国産大豆と塩のみのカンジャン、テンジャンをお求めください。

おすすめは

キスンド伝統醤（기순도전통장 キスンドチョントンジャン）
竹塩で作る醤。伝統醤とあるのがチュンジャン、チョンジャンもある。
竹塩のテンジャンはうっすらクリーミー。
コチュジャンもおすすめです。

飯はわかちあうもの

韓国の学校給食 完全無償化の思想

韓国の学校は給食費がタダである。
しかもオーガニック給食が中心であり、
最近になってついに
高校までもが完全無償化された。
これは世界でも類のないことだという。
なぜそんなことができたのだろうか？

伊東順子
Ito Junko

いとう・じゅんこ
愛知県生まれ。1990年に渡韓。ソウルで企画・翻訳オフィスを運営。近著に『韓国 現地からの報告――セウォル号事件から文在寅政権まで』（ちくま新書）、『韓国カルチャー　隣人の素顔と現在』（集英社新書）、訳書に『韓国の今を映す、12人の輝く瞬間』（イ・ジンスン著、CUON）など。

小学校の給食で本格的な蔘鶏湯をいただく

京畿道安養市のミンベク小学校を訪問した日、暦の上では「初伏」だった。韓国ではこの日を皮切りに真ん中に「中伏」、最後の「末伏」までが夏本番とされ、滋養のために蔘鶏湯などを食べる。日本の土用の鰻と同じく、専門店は全国的に満員御礼となるのだが、幸運にも給食でご相伴にあずかれるという。

でも、まあ子どもの給食用だから……と高をくくっていた私は、すぐにそれを反省することになった。

「何これ、めっちゃ本格的じゃないですか？」

思わず大きな声を出してしまったのだが、高麗人蔘はもちろんのこと、ニンニク、ナツメ、銀杏、栗などがすべて揃った、韓方ベースのまさに「料亭の味」である。違いといえば大根が入っていたことだろうか。これはおそらく給食全体の栄養バランスのためだと思う。

さらに驚いたのは、副菜として出てきた和えものだ。日本ではあまりお目にかからないチュイナムル（シラヤマギク）は、韓国ではポピュラーな山菜だが、ちょっと苦みのある大人の味。まさか小学校の給食に出てくるとは思わなかった。私以外の日本からの訪問者は、真っ赤なキムチのほうに驚いていていた。

7月15日（月曜日）の献立

白米
蔘鶏湯
トトリムクとチュイナムルの和えもの
豆もやしのナムル
ソーセージ炒め
大根のキムチ
スイカ

＊トトリムクとはどんぐりの澱粉を煮固めた韓国の伝統食

「韓国のお子さんは辛くても平気なんですね」

ところがそんな会話は一瞬のうちにかき消されてしまった。給食の時間となり、子どもたちが一斉に食堂に入ってきたからだ。そのにぎやかなことといったら！　食べる食べる、しゃべるしゃべる。あまりの大音量に訪問者御一行はびっくり仰天。日本では今もパンデミック期の「黙食」が習慣となり、食事中は「静かに」という学校も多いのだという。

「だからでしょうか。日韓の学生交流などでも、日本の子はおとなしくて、韓国の子に押され気味。やはり食事中のコミュニケーションは大切ですよね」

ため息交じりの訪問者は、東京都の区議会議員さんたちである。最近になって東京都内の公立小学校でも無償給食が始まったため、その先輩格である韓国からいろいろ学びたいと言う。韓国ではすでに10年以上前から小中学校で無償給食が始まり、現在は高校にまで拡大した。公立私立も関係ない。学校給食の「完全無償化」は世界で類を見ないことだという。

韓国の給食の歴史

実は韓国で学校給食が始まったのは、日本よりもずっと遅かった。朝鮮戦争後の一時期、米国やユネスコによるパンや脱脂粉乳の支援はあったものの、それが日本のように独自の学校給食に発展することはなかった。1981年に学校給食法は成立していたが、長らく放置された末、1998

7月16日（火曜日）の献立

玄米ご飯
イイダコのスジェビ
ズッキーニ炒め
モッツァレラチーズとんかつ
白菜キムチ
梅ジュース

＊スジェビとは日本のすいとんに近い。様々な野菜やきのこ類など具だくさん

年になってようやく小学校に給食が普及した。ただし食品メーカーへの委託方式も多く、食事の内容はひどいものだったという。

困惑したのは、子どもたちよりも親や教員たちだった。韓国の大人は何よりも子どもの食事に気をつかうからだ。「こんなものを食べさせていてはいけない」と決起した親たちは、2002年に全国ネットワークを結成、給食法改正運動が全国に広がった。

その結果、2006年には法改正が実現して、給食は外部業者への委託を廃した学校直営方式が原則となった。でも、韓国の人々はそこで止まらなかった。運動はさらに高みを目指して、給食の無償化へと突き進んでいった。

日本から伝わった「食育」という考え方

給食無償化運動の転換点となったのは、一つは中国からの輸入食材問題、もう一つは日本の「食育基本法」(2005年)だったという。当時、中国などから大量に入ってきた輸入食材が韓国全体で大問題となっていた。味もさることながら、衛生上の問題も深刻だった。せめて学校給食ぐらいは「輸入ではなく国産を」、さらに踏み込んで「無農薬・有機栽培のオーガニック食材を」という声が広がっていった。それは輸入農産物との価格競争で苦戦していた韓国の農民にも、あらたな活路を提供することになる。

7月17日(水曜日)の献立

おでん
うどん
焼き鳥(ねぎま)
白菜キムチとタクワン
有機米のシッケ

*うどんに上にのっているのはゆで卵。焼き鳥はコチュジャン味。シッケはお米でつくる伝統飲料

問題は価格だった。国産は輸入よりも割高だし、さらにオーガニックともなれば、給食単価が跳ね上がってしまう。「給食費が値上がりしてもいいから、子どもには体にいい食材を」という思いは強くても、すべての家庭がそれに従えるわけではない。

給食運動のリーダーはそんな時に、日本で成立した「食育基本法」のことを知って「これだ！」と思ったそうだ。

「食育という言葉で気づいたのです。給食も教育だ。憲法で義務教育は無償でなければいけないとある。ならば、そこで実施される給食も無償であるべきだと」

給食費が公的負担となれば、親たちも喜んで国産・オーガニック給食に賛同するだろう。それが証明されたのは２０１０年の地方選挙だった。「学校給食の無償化」を公約に掲げた議員たちが大量に当選することになった。

子どもたちに自分の貧しさを証明させてはいけない

２０１１年、ソウル市議会も「所得制限無しの完全無償給食」を決めた。ところが保守系のソウル市長がそれに反対した。貧困層を中心に支援する「所得制限付きの選別福祉で十分だ」というのである。「金持ちにも無償にするのか？」という主張は一見合理的に聞こえるが、選別福祉は逆に貧困者を萎縮させる。

7月18日（木曜日）の献立

麦ご飯
牛肉とウゴジのスープ
じゃがいもの煮付け
宮中トッポッキ
肉団子と豆腐のチジミ
ダイコンの抜き菜のキムチ
＊ウゴジとは白菜の外葉を
乾燥させたものである

「子ども自身に自分の貧しさを証明させるのは残酷なことです」

給食運動のリーダーたちが言っていたことは、日本のこども食堂などでも繰り返し議論されてきた。全員が無料であれば誰も恥ずかしくない。

ソウル市は住民投票を実施した結果、「全員無償化」派が勝利し、敗北した市長は辞職に追い込まれた。この時の給食無償化運動の盛り上がりは、私自身が子育中だったこともあり、よく覚えている。

「サムスングループの御曹司も無償にするのか？」

「じゃあ軍隊に行く時もサムスン家だけ自前で銃を用意させるのか？」

わかちあいの思想

こうして韓国は学校給食の完全無償化を実現した。初期には保守系政治家の反対などもあったが、今やそれが当たり前のこととなり、義務教育以外の幼稚園や高校にも拡大した。

格差の激しい世の中だけれど、ご飯ぐらいはみんなで一緒に美味しく食べたいという思い。それが給食無償化のベースにある、韓国人の食に対する根本的な哲学であり、思想だと思う。

韓国で「ご飯食べましたか？」が挨拶だということは、よく知られている。挨拶だから、普通は「はい、食べました」と応える。正直に「まだです」なんて言ったら大変なことになる。そのまま食堂に連れて行かれるか

写真はミンベク小学校HPより　https://minbaeg-e.goeay.kr

7 月 19 日（金曜日）の献立

麦ご飯
スンデクック
じゃことアーモンドの炒め物
焼き豆腐
キムチ炒め
オレンジ

＊スンデクックとは、
スンデ（豚の腸詰め）と野菜などを
煮込んだスープ

もしれないし、ポケットから小さなパンをとりだして、これでもいいから食べてくれと懇願されるかもしれない。

韓国人は同じ空間に食べていない人がいるのに耐えられない。だからどんな小さいものでも分けて食べようとする。昔、勤めていた会社にいた18歳の新入社員は、一枚のガムを4等分して、その一つを30代の上司である私にくれた。小さなガムを噛みしめながら、優しさを噛みしめた。

『飯は天』という金芝河の詩がある。

밥은 하늘입니다（飯は天です）／하늘을 혼자 못 가지듯이（天が一人のものでないように）／밥은 서로 나눠 먹는 것（飯は皆でわかちあうもの）……。

給食無償化の思想もここに連なる。

平等であることの心地よさ

今からちょうど30年ほど前、ソウルにある高校の昼食時間を取材したことがある。まだ学校給食はなく、それぞれお弁当を持ち寄っていた。

豆もやしのナムル、唐辛子の煮付け、エゴマの醤油漬け、キムチ……。韓国の家庭で普通に食べる「ミッパンチャン」（作り置きのおかず）を、各自が適当に保存容器に詰めてきていた。それをみんなで一緒につつきあう。ソーセージや卵などを持ってきた子は大人気で、真っ先にみんなで食べるから容器はすぐに空っぽになる。

学校給食は近隣農家のオーガニック野菜を優先的に使用。前年に契約を取り決め、計画的な作付を行う。農家にとっては安定的な収入源となる

「ちょっともらっていい？」などと聞く子はいない。保存容器の中のおかずは共有であり、家族のようにみんなで食べる。日本の、あの１人分の小さなおかずが美しく配置されたお弁当とは全く違う。たまたま日本の姉妹校から交流のためにきた子がいたが、彼女も韓国人に混じって楽しそうにみんなのおかずを食べていた。

でも今思えば、あの頃もつらい思いをしていた子がいたかもしれない。まだ韓国が貧しかった時代だ。大したおかずを持って行けずに、いつももらうばかりの子、それが恥ずかしくて、食事の仲間に入れなかった子もいたと思う。この子たちが大人となり、親となって給食の無償化を実現させた。誰に気をつかうこともない、完全に平等な昼食の時間は素晴らしい。

最後に、韓国の学校給食で驚いたことがもう一つ、牛乳がないことだ。そもそも米飯に牛乳は合わないし、アレルギー問題もあるので廃止したという。基準のカロリーや栄養素は日本とほぼ同じだが、牛乳分を他のおかずで補充するため、日本よりボリュームがあるように感じられる。

「美味しいですよ。親御さんたちも驚いています。自分たちよりも良いものを食べていると。私たちも大満足です」

１食５００円ほど、教員は給食費を払うそうだ。

「無償給食は子どもたちのためですから」

なるほど！　それはそうだった。

給食はバイキング形式がほとんど。学校の食堂は在校生と教職員だけでなく、近隣の幼稚園児なども一緒に利用する場合もある

ヤン監督宅の元気が出る食卓

荒井カオル
Arai Kaoru

あらい・かおる
1977年長野県生まれ。日本国籍をもつ日本人男性。出版社勤務を経て、2005年にフリーランスのライター・書籍編集者として独立。妻であるヤンヨンヒ監督のドキュメンタリー映画『スープとイデオロギー』(2021年)の制作資金調達を務めつつ、被写体の一人として作品に参加した。

映画監督ヤンヨンヒは、近年までキムチが苦手だったらしい。大阪鶴橋の市場の近くで生まれたというのにキムチを口にせず、焼き立てのパンを好んで食す娘を見て、アボジ(父)は「なんでそんなフワフワしたものを食べとるんや」と不思議がっていたそうだ。

昔から「三つ子の魂百まで」と言うものの、人間の味覚の好みは大人になってから変質する。映画『スープとイデオロギー』編集作業のためソウル郊外に長期滞在するうちに、ヨンヒはキムチの魅力とバリエーションの幅広さ、そして「ダイナミック・コリア」と形容すべき韓国料理の雄大さに惹きつけられていった。

韓国ワカメスープの滋味

映画を完成させて日本に帰国すると、ヨンヒは現地で味わった韓国料理を自分流にアレンジしてこしらえるようになった。常に食卓を飾る定番メニューは、20〜30分で完成する簡単ワカメスープだ。

①乾燥ワカメを水に浸けて戻し、適度な大きさに切る。

②肉（牛細切れ肉または牛ひき肉）にすり下ろしニンニクをたっぷり揉みこみ、塩コショウや醤油で下味をつける。

③鍋にゴマ油を敷いてワカメを炒める。味噌汁文化で育った人間に「ワカメを炒める」という発想は思い浮かばないわけだが、中火でしっかりじっくり炒めるうちに、ワカメの滋味深さが驚くほど際立っていく。

④③鍋に水を投入し、炒めた肉と合体して煮込む。（醤油やみりんで適当に味つけ）

ロングスリーパーのヨンヒは1日最低10時間は眠るため、午前中は稼働しない。前夜に深酒してもパッと目覚めてしまう体質の私は、ワカメスープに冷凍うどんを放りこんだり、クッパ(おじや）に展開して朝食をいただく。すり下ろしニンニクが大量に投入されているため、パンチが利いていて一発でガツンと目が覚める。

このスープをいつでも作れるように、韓国へ出かけるたび市場で乾燥ワカメを大量に仕入れるようになった。郊外の市場では、驚くほど上質なワカメが廉価《れんか》で売られ

ている。そのワカメを旅行カバンに詰められるだけ詰めて空輸する。韓国では、出産を控えた女性や産褥《さんじょく》期の女性にワカメスープを薦《すす》めるそうだ。ワカメにはカルシウムや鉄分などミネラルが豊富に含まれており、妊娠出産によって消耗した肉体を元気に回復させてくれる。市場では「産母用」(산모용)と大きく印字されたワカメが売られており、店の売り子が「これが一番おいしいですよ」と教えてくれた。

常備薬の手作りヤンニョム

ヨンヒはヤンニョム(韓国料理の薬味)も自作する。必要な食材は以下のとおりだ。

▼ニンニク(1キロ〜1・5キロ)
▼赤唐辛子粉(500グラム)
▼乾燥エビ(300〜400グラム)

ニンニクの皮を剥《む》いてミキサーにかける作業から始め

るのは大変だから、我が家では青森の専門農家「にんにくのよしだ家」から冷凍のすり下ろしニンニクを取り寄せている。唐辛子粉や乾燥エビは鶴橋の市場で買ったり、韓国へ出かけたついでに仕入れておく。

①鍋に水と乾燥エビを入れ、煮込んで戻す。戻し汁は出《だ》汁《し》として再利用するため、水は少量が良い。
②出汁は鍋に残し、エビをザルに上げて水を切っておく。
③エビをミキサーにかけてペースト状に加工する。エビの身が崩れにくい場合は、①の出汁を適宜加えて調整する。
④ボウルに③のペースト状にしたエビとすり下ろしニンニク、赤唐辛子粉を加えてひたすら混ぜる。パサパサすぎると感じたときは、出汁を少しずつ加えて水分を調整する。

こうしてできあがった完成品を瓶詰めし、冷蔵庫に保管しておくのだ。吸血鬼ドラキュラを遠ざけるほどの魔除《よ》けと殺菌力があるニンニクパワーのおかげで、冷蔵庫のヤンニョムは1年経っても腐らない。

このヤンニョムは、さまざまな場面でピリ辛調味料として活躍する。野菜炒めや豚キムチ炒め、ゴーヤチャンプルー、チャーハンなど炒めものを作るときに隠し味として使う。味噌ラーメンの薬味としても良い仕事をする。刻みネギにヤンニョムと醤油をからめると、ジョン（焼き料理）のソースとしてもうってつけだ。キッチンペーパーで水分を抜いた木綿豆腐をゴマ油でじっくり炒め、ヤンニョムネギをかけてあげればダイエット主食が完成する。冬場にキムチチゲやタラチゲ、豆腐チゲ（「チゲ」＝「鍋」）を作るときにも、ヤンニョムを加えてあげると味わいが増す。

オモニの鶏スープ

書き仕事や講演、トークイベントで疲弊すると、ヨンヒは突如「今日はカレーを作る」と言って食材の買い出しに出かける。メニューはチキンカレー一択だ。タマネギを大量に刻んでじっくり炒めながら、余計な水分を蒸発させてタマネギの甘みを引き出す。すり下ろしニンニクを大量に揉みこんだ鶏肉をフライパンで炒め、鍋に投

映画『スープとイデオロギー』（2021 年）
監督・脚本・ナレーション：ヤンヨンヒ
エグゼクティブ・プロデューサー：荒井カオル
日本語・韓国語／カラー／ DCP ／ 118 分
◇デジタル配信中

入し、グツグツ煮込む。刻んだバナナやリンゴ、ミニ缶のトマトジュース、ローリエやガラムマサラ、クミンなど各種スパイスによって何層にも味を倍加していく仕込みの姿は、さながら錬金術師の如しだ。

　このカレーが滅法ウマイ。新宿中村屋やスープストックトーキョーを凌駕《りょうが》したかもしれない。ボンカレーに対抗して「ヨンカレー」を商品化し、物書き業を廃業しようかと思うほどだ。なおこれには、通常のカレーの何倍もの量のニンニクが使用されている。部屋でひたすら原稿を書き継ぐ生活を送っているインドア体質の私に、ニンニク臭を恥じる心配はない。

　ヨンカレーに対抗して、私も自炊料理に挑戦するようになった。得意メニューは、映画『スープとイデオロギー』に出てくるオモニ（母）の鶏スープにインスパイアされたシチューだ。市販のルーは使用しない。手羽元を3～4時間煮込んだスープに韓国で仕入れた昆布の出汁スープをつぎ足し、炒めた野菜と合体して牛乳やバター、岩塩とわずかな薄口醤油で味を調《ととの》えていく。鉢植えで育てたパセリをひとつかみ包丁で叩き、香ばしい生パセリを手製シチューに散らす。

テビチ（豚足）を好んで食べる沖縄では、おでんの出汁として大鍋にテビチが投入されている。そこから着想を得て手羽元ベースのスープをおでんに展開したところ、すこぶるウマイ。鶏肉と練り物をガシガシ食べたあと、冷凍うどんを鍋に放りこんで「おどん」（おでん＋うどんの合わせ技）をすする。オモニの鶏スープは国境や国籍や民族宗教の違いをスイスイ飛び越え、進化を続ける。

そういえば最近の我が家では、調味料として必須のアミ（小エビ）の塩辛（冷凍庫に入れておけば何年ももつ）や乾燥ワカメが枯渇してきた。食材の買い出しがてら、久しぶりに韓国へ出かけようか。嗚呼《ああ》、ポッサム（茹で豚）や済州《チェジュ》黒豚のサムギョプサル（豚焼き肉）をつまみつつ、バクダン（ビール＆チャミスルの混ぜもの）とマッコルリをあおりたくてたまらない。キムチやニンニクが無料＆無限おかわりできるワンダーランドが、手ぐすね引いて私とヨンヒを待っている。

韓国ハンバーガーの軌跡

米軍基地からローカル市場まで

大瀬留美子

おおせ・るみこ　Ose Rumiko
神奈川県横浜市生まれ。著書に『ソウル おとなの社会見学』（亜紀書房）、『京城のアパート』（チッツ図書出版、共著）。韓国語への訳書に『世界をたべよう！ 旅ごはん』（杉浦さやか著、ペーパーストーリー、共訳）がある。

韓国にハンバーガーが初めて伝わったのはいつ頃だろうか。一般的には、一九五〇年頃の朝鮮戦争中に韓国に駐留していたアメリカ兵士によって広まったとされている。日本では諸説いろいろあるが、長崎の佐世保に進駐米軍によってハンバーガー文化がもたらされたと言われている。朝鮮戦争を契機に多くのアメリカ兵士が佐世保に出入りするようになり、彼らを対象にしたハンバーガー店が増えていったとのことだが、いずれにしても朝鮮戦争が韓国や日本のハンバーガー文化の始まりに大きく関わったのは確かだろう。

ミスジンハンバーガー

平沢・松炭
韓国式ハンバーガー

　ソウルから車で約二時間、京畿道《キョンギド》平《ピョン》沢《テク》市の北東部にある松炭《ソンタン》。一九五二年に米軍の烏山《オサン》空軍基地（Osan Air Base, K-55）が建設され、基地周辺に基地村と呼ばれる商業・歓楽エリアが形成された。ソウル北部の議政府《ウイジョンブ》市や東豆川《トンドゥチョン》市と共に、急速に成長した韓国有数の米軍基地村のひとつである。ソウルでは、龍《ヨン》山《サン》基地周辺の梨泰院《イテウォン》が同様の基地村として知られている。

　伝説的なハンバーガー店ミスジンハンバーガーを訪れるのは久しぶりだ。松炭は三度来たことがある。まず最初に見に行ったのは線路の跡だ。かつて米軍基地への物資補給のために、京釜線の一部を分岐させて補給線路として使用していたものだ。今ではその線路がショッピングストリートを横切り、独特の景観を生み出している。

　二度目の訪問は、プデチゲを食べるためだった。プデチゲは韓国料理の一種で、朝鮮戦争後の食糧不足の中、米軍基地から調達したスパムやソーセージ、インスタントラーメン、チーズなどを合わせて作った鍋料理。「プデ」は「部隊」、「チゲ」は「鍋」を意味する。松炭プデチゲと議政府プデチゲが特に有名で、松炭スタイルは牛骨スープをベースにし、チーズをたっぷりのせた濃厚な味わいが特徴とされている。プデチゲと一緒に松炭名物のハンバーガーを食べようとミスジンハンバーガーを訪れ、一つ買って店内で食べたはずなのに、特に記憶に残っていなかった。

　店はメインストリート沿い、K-55のメインゲートのすぐ前に位置している。かつてハンバーガーやドリンクの受け渡しに使われていたと思われるドア横の小窓の下に「SINCE1985」という文字があった。

一九八五年の創業！ プデチゲと同じく一九五〇年代に誕生したものだと思い込んでいたが、どうやら勘違いだったようだ。同様に有名なミスリーバーガーも一九八二年創業。一九七九年にはソウルの小公洞《ソゴンドン》にあるロッテデパートの一階に、ロッテリアの第一号店がオープンしているので、チェーン店の方が早かったわけだ。

それでも、ミスジンハンバーガーにハンバーガーのルーツがあると言える。なぜなら、このハンバーガーは完全な韓国式だからだ。創業者はもともと屋台でアメリカ兵向けに天ぷらなどを販売していたが、ある日、ツケでよく食べに来ていた女性に誘われて、米軍基地内のＮＣＯクラブ（社交場の一つ）に連れて行ってもらった。そこで初めてハンバーガーという食べ物を知り、その美味しさに感動。あの味を再現できないかと、試行錯誤を繰り返したという。

ケチャップやチーズなどは米軍基地から横流しされたものを使用し、牛肉が手に入りにくいため、安価な豚肉でパテを作った。臭みを消すためにごまやピーナッツを砕いて加え、さらに見た目のボリュームを出すために、にんじんときゅうりのスライス、キャベツの千切り、そして目玉焼きをトッピングした。現在は販売当初のスタイルではなく、パテも工場メイドのものを使用しているようだ。正直なところ、味は絶賛できるほどではない。しかし、その工夫からは当時の食糧事情がうかがえるし、異国で働く兵士たちに故郷の味を届けたいという気持ちも伝わってくる。

江原道・春川
進化系ハンバーガー？

春川《チュンチョン》は江原道《カンウォンド》に位置する都市で、ソウルから鉄道やバスでアクセスしやすく、日帰り旅行先としても人気がある。タッカルビやマッククス（そばの冷麺）が有名で、大きな祭りも開かれる。

国鉄春川駅を出ると空き地が広がっているが、二十数年前に訪れたときは灰色のコンクリート壁と有刺鉄線が目立つ埃っぽい風景が広がっていた。この場所

春川米軍基地村（消滅）

には、もともと「キャンプページ」と呼ばれる米軍の陸軍基地があった。朝鮮戦争の頃に造られ、二〇〇五年から撤収が始まり、二〇〇七年に春川市に土地が返還されたが、現在も空き地のままだ。

秋になるとコスモスがたくさん咲いて美しいが、ひどい土壌汚染が問題で、浄化作業が計画通りに進んでいない。二〇二四年の春に新しい開発計画が発表されたものの、市民の反対が多いという。

周辺には当然のように基地村が形成されていた。英文字の看板が並ぶ店やアメリカ兵士を相手にしたバーが集まり、一九六〇～一九七〇年代は大変賑わっていた。ジナハウスもそのひとつである。

一九七七年の創業当初はジナの店としてスタートし、店名や場所を変えながら現在に至っている。キャンプページから手に入る牛肉やハム、ソーセージを使って作ったハンバーガーが大ヒットし、基地がなくなった後も、ハンバーガーは店の看板メニューとして親しまれている。

今回訪れた目的はハンバーガーではなく、ハンバーガーアンジュというメニューである。「ハンバーガーおつまみ」とでも訳せるだろうか。千切りキャベツにたっぷりのケチャップとマヨネーズがかかり、炒めたひき肉とたまねぎを薄い卵焼きで挟んだ一品だ。

なるほど、ハンバーガーの具材をこのような形でアレンジし、焼酎やビールにぴったりのおつまみに変えたのだ。これは韓国人客向けに考案されたものなのだろうか。どこか、幼い頃に母が作ってくれたひき肉入りのオムレツにも似ている。ただ玉ねぎの量は多くないので汁気は少なく、肉のほろほろっとした食感がお酒によく合う。

最近では、若い世代は昔食べたようなオムレツを昭和レトロオムレツと呼ぶそうだが、春川の店の一角でお酒を飲みながら、懐かしい思い出がよみがえったの

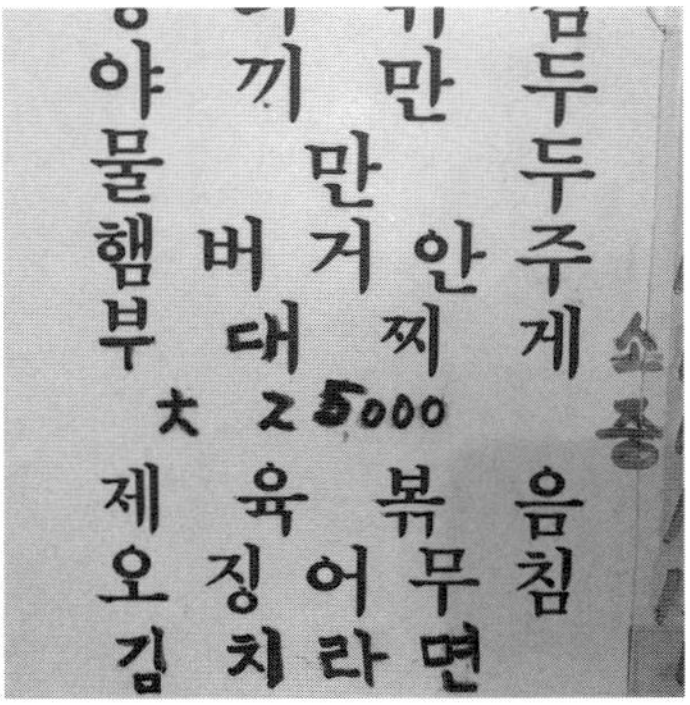

現在は韓国料理のメニューがほとんど

ハンバーガーという名のつまみ

分厚いパテが食欲をそそる

英語メニューもある

であった。

全羅北道・群山 店名はシンプルに

　ソウルから車で約三時間、鉄道でアクセスも便利な群山《クンサン》は、韓国の全北《チョンブク》特別自治道に位置する港湾都市だ。日本統治時代には、群山港から大量の米が日本へ輸出され、その影響で今も多くの日本家屋や近代建築が残っている。

　また、群山は米軍基地の都市としても知られており、群山空軍基地が米空軍の主要な拠点となっている。この基地はもともと日本軍によって建設され、その後朝鮮戦争を経て米軍の管理下に入った。群山空港も基地近くに位置し、済州島との間に一日に一、二往復の旅客機が運航されている。基地の正門前にはロータリーがあり、その周辺には三軒のプデチゲ店が並んでいる。

　その中の一軒が群山プデチゲで、非常にシンプルな店名だ。インターネットでの検索ではなかなか見つからないほどの潔さがある。そのため情報確認のための検索に少々困った。ソウルでハンバーガーとプデチゲ、焼きマンドゥ（揚げ餃子）を一緒に楽しめる店は私の知る限りではない。もし知っていればぜひ教えてほしい。

　このあたりのプデチゲ店は、一九八〇年代に登場したお店が多く、ハンバーガーはボリューム満点。プデチゲと一緒に出てくる韓国のおかずとハンバーガーを一緒に食べる楽しみがここにある。

明洞のハンバーガー店

　米軍基地から伝わったとされるハンバーガー、その単語は韓国の新聞にいつ登場するだろうか。ポータルサイトであるネイバーのニュースライブラリーで調べると、一番古い記事は一九六三年に見つかった。しかし、六〇年代の記事はほとんどアメリカ国内の出来事に関する内容で、国内ニュースとしてハンバーガーが登場するのは、一九七〇年の「市民が告発したぼったくり料金」（京郷新聞）という記事だ。内容としては、明洞《ミョンドン》のユネスコ会館十一階にあるレストランスカイパークで、ハンバーガー二人分など（一、七〇〇ウォン）を注文したところ、計算時に二、一三〇ウォン請求されたというものだ。

一九七二年の九級公務員（日本の地方初級に当たる）の初任給が一三、一二〇ウォンだった頃、この新聞記事からはハンバーガーの値段は明確ではないものの、そのレストランは非常に高価な場所だったようで、ハンバーガーも庶民的な食べ物ではなかったように思われる。

ハンバーガーが新聞に頻繁に登場するのは一九七二年からだ。一九七一年には日本で銀座にマクドナルドがオープンし、その前年にはケンタッキーフライドチキンやダンキンドーナツなどアメリカのファストフードチェーンが進出している。この時期になると、日本と韓国の往来でハンバーガーを知る人々が多くなったようだ。新世界デパートやコスモスデパートなど、明洞エリアにあったデパートのフードコートでハンバーガーが販売される様子や、行楽地での販売を伝える新聞記事が増えていく。

一九七三年十一月、明洞のユネスコ会館裏にオープンしたビッグボーイは、当時の人気映画俳優ナムグン・ウォンが副業として始めたハンバーガー店だ。彼は芸能人として収入が不安定だったこともあり、さまざまな副業をしていたことで知られている。妻が客室乗務員だったため、海外の事情にも詳しかったのかハンバーガーに目をつけた。

ビッグボーイの広告
※ネイバーブログ「宝物船」より許可をいただき転載

当時のサンデーソウル（一九七二年十一月五日号）には、ビッグボーイの広告が掲載されており、どこかで見たことのある少年キャラクターが目を引く。アメリカのレストランチェーンのビッグボーイのマスコットによく似ているが、似ていないと言われればそうかもしれない。

ちなみに、日本で「ビッグボーイ」といえば、ハンバーグやサラダバーのある郊外型フランチャイズレストランを思い浮かべるが、あの少年キャラクターはボビーくんという名前らしい。

　時代を先取りしすぎたためか、ビッグボーイは二年で閉店してしまった。価格が高いのと、ハンバーガーの味のわかる人がまだまだ少なかったようだ。ナムグン・ウォンの店のオープンからちょうど一年後の一九七三年十一月に、同じく当時人気女優だったキム・チャンスクが七〇〇万ウォンを投資して新村《シンチョン》にハンバーガーハウスをオープンという記事が見つかったが、詳細がわからないのが残念だ。

京畿道・安城
かつて憧れた
アメリカの雰囲気

　アメリカーナは、一九七九年五月に設立され、一九八〇年一月にはアメリカのハンバーガーチェーン「JB's BIG BOY」と技術提携を結び、同年十月にはソウル忠武路に一号店をオープンした。当時、ハンバーガーは韓国でまだ馴染みが薄く、アメリカーナはアメリカ風のインテリアを採用し、ちょっと高級な雰囲気を演出した。汝矣島《ヨイド》の六三ビルにも店舗があり、一九八〇年代の韓国を象徴する存在でもあった。

　しかし、アメリカーナより一年先に開業したロッテリアは、大企業であるロッテの資金力を背景に急速に店舗を増やしていった。一九八四年にはバーガーキングが進出し、一九八八年には蚕室《チャムシル》のオリンピック選手村にマクドナルドが韓国初出店するなど、ファストフード業界の競争は激化していった。それでもアメリカーナは、一九九七年までに全国で八十店舗以上を展開し、アメリカ文化への憧れを売りにしながらも堅実に営業を続けた。

　しかし、一九九七年、IMF通貨危機が韓国を直撃し、アメリカーナも多くの店舗を閉鎖することになった。ハンバーガー以外にもホットドッグやパスタ、カフェなどの事業を展開していたが、最終的にはすべて廃業した。九〇年代のレトロな雰囲気が漂うアメリカーナのウェブサイトを見ていたところ、京畿道安城市郊外に本店として復活したと知り、ドライブがてら訪れてみた。

　田畑が大規模開発によってマンション群に変わった場所の一角で、懐かしいオールディーズの曲が響いていた。青々とした芝生の敷地に、平屋建ての赤い外壁の建物。まるでアメリカそのものだ！

　中に入ると広々としていて、右側の壁には昔のアメリカーナのグッズ（包装紙やチラシ、当時の制服、パーティーグッズ）が誇らしげに飾られていた。私はアメリカーナで食事をしたことはないが、その雰囲気に懐かしさを感じた。子どもの頃、横浜西口のダイエーにあったドムドムハンバーガーを楽しみにしていたのだが、あの特別感に似ているのだ。

上：後ろのマンション村とのコントラストが美しい　右：ポタージュとミルクシェイクと一緒に　左：アメリカーナ、全盛期の資料展示

カロリー爆弾だとわかっているものの、思い切ってハンバーガーセットのドリンクは、ミルクシェイクにした。セットのどろっと濃いめのポタージュスープは、韓国の軽洋食とよばれる、一九八〇年代に人気だった韓国式洋食屋でよく提供されていたものだ。期待通りにおいしくなかった。おいしくてはいけない。

ハンバーガーの味もレトロなのだろうな（どんな味か説明してと言われても難しいが、あまり味は期待せず、歴史をリスペクトして食べる）と、少々かまえて一口。予想外においしくてびっくりした。パテは牛肉の味が濃く、ジューシー。レタスやトマトも新鮮、たまねぎの薄さもちょうどよく、マスタードソースがいい仕事をしている。そしてフライドポテトは揚げたてのほくほく、外皮はカリカリ。ミルクシェイクも一気に飲んでしまった。幸福のひとときを過ごすことができた。

ローカル市場で韓国式ハンバーガーの工夫に触れる

現在、韓国にはこだわりのある手作りハンバーガーのお店が星の数ほど存在し、二〇〇〇年代以降のハンバーガーの動向、例えばフランクバーガーの増加やシェイクシャック、ファイブガイズの進出といった話題は少々退屈だ。今回、韓国のハンバーガーの歴史を締めくくるのは、私の家の近くにあるローカル市場にしようと思う。

ソウルの中心部に位置する龍山《ヨンサン》エリアの龍門《ヨンムン》市場は、孝《ヒョ》昌《チャン》公園《コンウォン》前《アッ》駅から近いローカル市場で、一九五〇年代後半に設立された。二〇二三年には新しいアーケードが設置され、清潔感のあるイメージを作り出し、観光客を呼ぼうと商人たちががんばっている。

「マンナブンシク」は四〇年以上の歴史を持つ粉食屋で、八五歳のハルモニ（おばあさん）が一人で切り盛りしている。

ハンバーガーと焼酎という組み合わせが新鮮

この店の特徴は、トッポッキやインスタントラーメン、スンデ（韓国式ソーセージ）と一緒にお酒を楽しむことができる点であり、ハンバーガーも販売していることだ。

焼酎やビールをハンバーガーのお供にしたり、トッポッキとハンバーガーを組み合わせたりするなど、さまざまな楽しみ方ができる。このように飲み屋と粉食屋の境界が曖昧なお店は意外と少ない。ハンバーガーは見た目から味の予想がつくが、一口食べてみると、たっぷりのケチャップの中にある香ばしさを感じた。

「ん？　なんだかとても香ばしいソースですね」

「ピーナッツを砕いて入れているんだよ。そうすることで肉の臭みが取れるんだよ」とハルモニが微笑みながら教えてくれた。松炭のミスジンハンバーガーと同じ工夫が、龍山のマンナブンシクにも施されていたのだ。韓国式ハンバーガー文化に乾杯しながら、その味わいを楽しんだ。

韓国タワー探究生活14

水料理の全州とドジョウの南原、春香タワーは食後景

清水博之
Shimizu Hiroyuki

しみず・ひろゆき
２００６年から弘大を拠点に活動するライター。旅・カルチャー・どうでもいいことをテーマに執筆する。著書に『韓国タワー探究生活』（韓国・ユアマインド刊）、訳書に『古本屋は奇談蒐集家』（ユン・ソングン、河出書房新社）、連載に北陸中日新聞『雨乃日珈琲店だより』など。弘大にて雨乃日珈琲店を運営。

宮殿のバックにまさかの「春香タワー」

在韓18年、まだ韓国のタワーを見て歩いている。全州《チョンジュ》に行くついでに調べたら、近郊の南原《ナムォン》に良き名前のタワーが生まれているのを発見し、ついつい訪問してしまった。

タワー旅は、他の人がやらないからやっている部分もあるが、なぜこんなことをしているのか自分でも正直よく分からない。そんなやけっぱちな私の韓国旅行を輝かせてくれるのが、他でもない「食」だ。地方にうまいものがあって良かった。どしどしタワーを見てうまいものを食べよう！　次の『中くらいの友だち』「〇〇特集」も、似たような序文になると思います。

チャジャン麺に水？

毎年5月に全州国際映画祭に行くのが私の恒例行事となっている。全州は韓国で一番好きな地方都市だ。行くたびに新しい発見があって、今回の旅では「全州は水の都」という気付きを得た。これは河川が美しい都という意味ではない。

午前中に全州に到着し、見逃していたジャ・ジャンクー監督『長江哀歌』と人気シンガーソングライターのユン・ジョンのライブのセット回を観賞し、お昼前に私の映画祭は終わったような満足感。腹が減ったので会場を離れ、チェックしていた中華料理屋で「ムルチャジャン」なる謎料理に挑戦する。

全州に行ってきたという複数の友達から「ムルチャジャンを食べた」という報告を受けてきた。私の周りでは数年前から、全州名物と言えばピビンバでもコンナムルクッパ（もやしスープ）でも豊年製菓のチョコパイでもなくムルチャジャンなのだった。さて、水（ムル）＋チャジャン麺とは？　チャジャン麺は小麦麺に黒いソースを絡めた韓国の中華料理だが、もっと水気の多いラーメンのような料理だろうか。

今回はムルチャジャンの有名店のなかでも、料理研究家ペク・ジョンウォンが三大チャジャン麺のひとつとして紹介した「ノーベル飯店」を訪れた。店名も真似したいほど良い。

ちなみに私はペク・ジョンウォンにわかファンである。ペク先生は韓国外食産業のドンと言える存在で、セマウル食堂や香港飯店０４１０など20種類以上のチェーン店を展開し、彼の顔が描かれた看板を見ずに街を歩くことは不可能なほど。コスパやイメージを重視する経営哲学に数年前までは私も敬遠する向きがあったが、しかし彼のユーチューブ番組を観て好感度が増した。それは地方の名店を訪ねる内容で（地方を活性化したい思いもあるようだ）、鎮安郡《ジナン》の回ではスンデクッパの店「シゴルスンデ」を紹介していた。機会があり私も行ってみたのだが、スンデが驚くほど新鮮で、「スンデは飲み物」と言いたくなるほど箸が止まらない。さすがペク先生だと感心し、以来一目置いている。

さて、ノーベル飯店である。入り口にペク先生の写真が大きく掲げられているが、それほど混雑しておらず地元客が利用している印象だ。価格はムルチャジャン8000W、普通のチャジャン麺6000Wと、ソウルより物価が2割ほど安い。

やがて登場したムルチャジャンは、海産物がたっぷり入った真っ赤なスープの麺料理で、予想以上に韓国中華のチャンポンであった。違うのは、澱粉でとろみをつけており、水気が少なくどろどろしていること。チャンポンのテクスチャーをチャジャン麺に近づけたからムルチャジャン？　納得いかないネーミングだ。

一口食べてみる。やはり見たままの味でチャジャン麺の要素は全くなく、ただチャンポンの味がした。とろみのおかげでいつまでも熱々、チャンポンとしては美味しいと言えるが、ムルチャジャンとしてのパンチはない。

後に調べたところ、ここまで赤いのはニューカマーであるノーベル飯店の特徴であり、他店のオリジナルに近いムルチャジャンは茶色くて海産物も少ないようだ。ただし、チャジャン麺ソースの特徴である甘い春醤は使わず、醤油で味付けする。どちらにせよ水でもチャジャンでもない気がする。

中華料理店の多い全州にて1950年代から登場したムルチャジャンは、現地の人には懐かしの料理だという。名古屋のあんかけパスタと同じ位置づけだろうか。これは別の店も行って比較してみなければ。

またも水？　隠れ名物ムルカルビ

韓屋ゲストハウスに荷物を置き、夕方の映画が上映される前に、アーティストである友人ペク君のショップ「フロッギーオフィス」に寄った。自身の作品をはじめ変わったTシャツからヨン様グッズまで扱うスタイルのあるお店だ。彼はなぜか毎月、ソウルにある私の店に足を運んでくれるが、全州で活動することに意味があると考えている。

夕方から2本の映画を予約してあったが、ひとつキャンセルして彼

全州名物、ムルカルビ。豚肉は真っ赤だが辛い感じはしない

ノーベル飯店のムルチャジャン。汁の煮詰まったチャンポンに見える

と食事に行くことに。全州ならではのものが食べたいとリクエストしたところ、「ムルカルビ」の店を提案してくれた。またもや水（ムル）？全州と水にどんな関係が。

　薄暗い通りにありローカルな雰囲気を醸し出す「明朗プルコギ」という店。メニュー表には「豚プルコギ」とだけあるが、ペク君は「全州ではこれをムルカルビと言うんですよ」と話す。1人分9000Wと、こちらもソウルでは考えられない価格設定だ。

　鉄板で運ばれてきた料理は、水っぽいソースに薄切り豚肉がつかり、その上にエノキやネギなど野菜が盛られ、確かにプルコギを思わせる。特徴的なのは、ソースが赤めで、全州名物のもやしがたっぷりのっていること。ネット（doopedia）によるとこれも全州の郷土料理。見た目は辛そうだがそんなことはなく、優しい味で違和感なくもりもり食べることができた。

　次はクラフトビールを飲もうと最近人気のウエディング通りへ向かった。ソウルでいう聖水《ソンス》洞や益善《イクソン》洞のような、古い建物を使って若い人たちが店を始めだしたエリアだ。大通りである客舎《ケクサ》通りを過ぎる時、2010年にここにあったカフェを取材したことを思い出した。当時、全州市観光公社のサイトを見たところ、全州の昔ながらのカフェはコーヒー一杯でたくさんお菓子をくれるとあり、そこに紹介されていた「トムハウス」というカフェを訪れた。それが全州のスタンダードだと思いペク君にその話をしたところ、まさかの「聞いたことないですね」という答え。そんなはずが？

　家に帰ってネットで調べても、ト

ムハウスについての情報はひとつもなかった。私が見たものは何だったのか。観光公社も紹介する、伝統だと思っていたものが恐ろしく一時的なものでしかなかったという事実に唖然とするのだった。

全州・南原、パン地巡礼

韓屋のゲストハウスで夜を過ごし、朝食はコンナムルクッパの店へ。私は一番有名な「三百《サンベク》チプ」ばかり行っていたが、ペク君によれば「全州の人は行かないですね」とのこと。なので今回は宿から近い「全州ウェンイコンナムルクッパ」へ。朝から客が多く名店の予感。もやしはシャキシャキでスープもすっきり。三百チプと甲乙付けがたいが、三百チプばかり行く必要はないほど美味しいと思った。そういえば、もやしは水

コーヒー一杯でお菓子がたくさん出る文化はどこに（2010年に撮影）

コンナムルクッパ。朝から飲む母酒（モジュ）も楽しい

が良いところで育つもの。「全州は水の都」という勝手な意見も、あながち的外れではないのかも。

食後は、やはりペク君が教えてくれた蒸しパン（日本で言うところの酒まんじゅう）の店「ペクイルホン蒸しパン饅頭」へ。小ぶりであんこがぎっしり詰まった蒸しパンは、蒸したてほかほかで、飾らない素朴な味わいがたまらない。さすがペク先生（別の）である。何の宣伝もなく外観からは分からなかったが、後でネットで調べると80年以上の歴史があるという。

何より印象的だったのは、店の人の物腰がとても柔らかく笑顔が素敵だったこと。そういえば、昨晩寄ったコンビニのアルバイトも接客態度がとても良くて感動した。地方のほうが人々に余裕があるなとつくづく思う。私の想像だが、それは家賃の

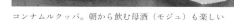

問題が大きいのでは。ペク君に話を聞いたところ、全州のテナント料はソウルの数分の1、いやうまく探せば10分の1くらいだ。当然ストレスも10分の1である。外食の価格が安いのもここから来ているのだろう。ソウルの高い家賃、貸借人の立場が弱い不動産問題こそが貧富の差を広げる要因であり、諸悪の根源だとソウルに住む私は痛感している。

蒸しパン屋の近くのバス停から市外バスに乗る。ネットには数時間に一本という時刻表しか現れなかったが、行ってみたら頻繁にバスが出ていた。地方旅行ではよくあることだが、ネットがまだまだあてにならないことに嬉しくなる。小一時間で南原に到着。初めて歩く町に心が躍る。

南原がチュオタン（ドジョウ汁）と李朝時代の物語「春香伝《チュニャン》」の町ということしか知らず、勝手に古い

「ペクイルホン蒸しパン饅頭」の蒸しパン

「名門製菓」の生クリームシューボロとはちみつアーモンド

建物が並ぶ田舎町を想像していたのだが、バスターミナル周辺は想像していたのと全く違った。整備された広めの道路が碁盤の目のように走り、その脇を古くも新しくもない低層建築が並ぶ。通りには臭いもない。人通りは少なく、空は青く、まるで白昼夢のような町だった。似たようなつくりの町が思いつかない。

道路をひたすら西へと向かうと、交差点に瓦屋根の平屋が現れた。南原で最も有名なパン屋「名門製菓」だ。韓国では近年、地方都市に点在する老舗パン屋を巡ることがブームになり、聖地巡礼とかけて「パン地巡礼」という言葉ができたほどだが、ここもそのひとつとして全国的に知られるように。後で知ったのだがペク・ジョンウォンの番組でも紹介されている。

店の雰囲気はレトロだが、じっく

り見ようとすると店員から「人気なのはこのパン！」と同じパンがたくさん並ぶ味気のない棚に誘導された。生クリームの入ったソボロパン（日本で言うところのメロン味のしないメロンパン）2200Wが人気だそうで買ってみるが、正直言って安いなりの味だ。パンの中身は空洞で、植物性の駄菓子みたいなクリームがほんの少し入っている。焼きたてだから美味しく感じるが、これを家に持ち帰っても微妙かも。

韓国の昔ながらのパン屋、もちろん本当に美味しい店も多いが、レトロなだけのところも結構あるよねと常々思っている。なお、全州で買った蒸しパンの残りは、その日の夜に家で食べても美味しく、意外にも妻が気に入って「これを食べに全州に行きたい」と言った。

春香とタワーの謎の遭遇

午前のうちにお腹いっぱいになり、日当たりの強い道を歩いて南原旅の目的地である「春香テーマパーク」まで歩いた。この奥に「春香タワー」があるのだ。

ちなみに春香テーマパークは、1931年から始まった「春香祭」の会場のひとつである。テーマパーク周辺の公園では、翌週から始まる祭りのため設営準備が行われていた。なお昨年の春香祭は、肉がちょっとしかない豚バーベキューが一皿4万Wで売られていたことから「パガジ（ぼったくり）料金の聖地」として全国的に有名に。今年は汚名を払拭するためペク・ジョンウォンがコンサルティングするそうで（またもやペク先生！）、果たしてどうなることか。

春香という平民の女性が偉い地位の男性と恋に落ち、別れ、悪代官にいじめられ、最後に戻ってきた男性に助けられハッピーエンドという、春香伝のストーリーを演出するオブジェの数々を眺めながら山道を登っていく。オブジェはファンシー仕立てなもの、ちょっとマヌケな造形のもの、リアルというか不気味なものと統一性がなく、見ていてスリリング。特に春香が投獄され、長い板を首にはめられる可哀そうなシーンが印象深く、この姿があまりにキャッチーなためか様々なヴィジュアルで何度も何度も登場。ゆるキャラ仕立てのものもあれば、観光客が板を首にはめて写真撮影できるスポットもある。ここまでエンタメ化して良い題材なのか。

坂を登りきったところで、クライ

「春香タワー」と書いてあるからそうなのだろう

春香テーマパーク。せまりくるオブジェ

あれも春香（素朴すぎる）

これも春香（白すぎる）

こちらも首に板。隣にはフォトゾーンも

春香といえば首に板
（市内にあった壁画）

マックスと言うべきシーンが現れた。玉座に座る悪代官。その前では春香が椅子に縛られ、ひざを棒でぶたれる痛そうな拷問を受けている。オブジェのリアルな造形により壮絶極まりないシーンとなっているが、その背景にはもっと壮絶な物体が。悪代官がいる宮殿の後ろ、李朝とは全く関係ない未来的な造形のタワー「春香タワー」が、春香を見つめるように燦然と輝いているのだ。なぜここに？

白昼夢の中を泳ぐ気持ちで山をぐるっとまわり、春香タワーの真下にたどり着いた。高さ78メートル。エレベーターの上に三角形の展望室があり、3本の支柱で受ける姿は未来的とも言えるが、タワーとしてそれほど珍しい形ではなく、そこに設計者の熱意は全く感じられない。何かをこじつけることも不可能な平凡なデザインに、一体これがなぜ春香タワーなのかと思う。しかしタワーの真ん中に堂々と「春香タワー」と書いてあるのだから、そう言うしかない（ずるい）。

外観の鑑賞を終え、中に入ろうとしたが入り口は封鎖され運営していなかった。使い道なきタワーよ……。でもその無益さこそが、タワーとしては魅力的であると言える。タワーとはそもそも無意味なものだから。

ニュースを検索すると、春香タワーはモノレールなどレジャー施設とともに2022年に運用が始まったが、赤字により2年もせず閉鎖したとのこと。その間、春香タワーが展望台として一時的に開放されたこともあったようだ。ネットを探しても展望室内部の写真はひとつも残されていないため本当かどうか定かではないが、そこにはきっと、首に板をはめた春香のオブジェがあったのではと想像する。誰も訪れることのできない展望台、これはちょっと非常にタワー的なのでは。

「セチプチュオタン」。ドジョウの生臭さはない

春香でもドジョウでもない南原

中に入れないタワーに興奮した後

は、春香テーマパークの一角にある廃墟となった遊園地「南原ランド」を見学。動かない観覧車やほこりをかぶったお化け屋敷に思いを馳せる。やってないけどせっかくだから飾っておけという考えなのかもしれないが、しかしこういうものは出口をふさいでおいた方が良いのでは。

やはりどこか不思議な様子が漂う街並みを歩いて、タイトルには勢いで「食後景」と書いたがチュオタン通りへと向かった。入ったのは、観光案内所で一番古い店だと聞いた「セチプチュオタン」。一番うまい店を聞いたところで答えをはぐらかされるだろうと考え、こう質問したのだ。

チュオタンはドジョウを粉のようにつぶして鍋で煮るワイルドな料理。韓国に来たばかりの頃は苦手だったが、コロナ以降、家の近所の新村《シンチョン》に支店がある「春香ゴル南原チュオタン」（それにしても南原すぎる店名だ）に、免疫力を高めようと立ち寄ったところはまり、今や月に一回は通っている。

さて本場の南原のチュオタンを、「春香ゴルマッコリ」を片手にいただく。確かにうまい。が、新村で食べる味と大差ない気がした。でもいい、新村の味が本場に負けないことを確認できたから。

南原にはもう見るものはないだろう。スマホで3時台発のソウル行きＫＴＸを予約し、南原駅に向かう前の時間つぶしに、街の中心にある伝統市場のほうに向かった。この周辺も道路は碁盤の目となっているが、いい感じに古びた、味わい深い店が増えてきた。漢方薬や砂埃や揚げ物やら何かの臭いが漂いはじめ、ようやく白昼夢ではない街の景色が見えてきた。

通りには若者が少なくお年寄りたちが闊歩し、バス停が井戸端会議の場所となっている。古い市場はシャッターが閉まっているか、そうでなければ何十年も変わらないオシャレ服の店。目抜き通りには薬局や苗の店が不思議と多い。カフェはチェーン店ではなく知らない名前の個人店ばかり。この街で生まれ歳を重ねる人生を想像するとともに、春香伝でもチュオタンでもない南原にやっと出会った気がした。

通りで見かけたパッチュク（ぜんざい）の店に潜入し人々の話に聞き耳を立てようかと思ったが、ＫＴＸの時間は迫っている。後ろ髪引かれる思いで古びた街を後にし、不動産問題と南原チュオタンと大切な生活がある私のソウルへ向かった。

発酵する韓国ロック

我がバンド〝コプチャンチョンゴル〟の味

佐藤行衛

さとう・ゆきえ　Sato Yukie

東京生まれ。ソウル在住のミュージシャン&フードライター。ロックバンド〝コプチャンチョンゴル〟を率いて、1999年に日本人バンドとして初の韓国正式デビュー。『韓式B級グルメ大全』（コモンズ）など、韓国音楽と韓国料理についての執筆活動も行う。2021年に韓国で『日本LP名盤ガイドブック』（アンナプルナ）が刊行された。

我がバンドは、1999年に、初めて韓国で正式デビューした日本人ロックバンドで、名前は「コプチャンチョンゴル」という。日本語に訳すと「もつ鍋」という意味になる。

だが、コプチャンチョンゴルという料理は、日本のもつ鍋とはまったく異なる食べ物である。見た目がすでに、韓国の料理であることを自己主張するかの如く、真っ赤に燃えている。同じ内臓肉をメインにした鍋料理には違いないが、味は対極に位置する。日本のもつ鍋は上品で丁寧かつ濃厚な味わいなら、コプチャンチョンゴルはワイルドでストレート、脳天にガツンと来る、まさに「ロックな味」なのである。

ネットなどにバンド名の由来として、「訪韓して初めて食べた韓国料理がコプチャンチョンゴルだったから」などと書かれていることも多いが、事実は違う。バンド結成当時、韓国語の語彙

韓国での正式デビューアルバム『アンニョンハシむニカ?』(1999年)

がなかった私は、ガイドブックの料理のページをめくりながら、何か良いバンド名はないかと探していた。そこで目にとまったのが、真っ赤なコプチャンチョンゴルの写真だった。

「これだ！」

実は私、焼肉屋に行っても赤い肉はほとんど注文せず、ひたすらコプチャンのようなホルモン系のお肉を貪る〝ホルモニスト〟である。内臓肉が大好きな私にとって、ぴったりのバンド名となったわけだ。

そして1995年、まずは日本で「サトウユキエ&コプチャンチョンゴル」として活動を開始したのだが、当時はまだ韓国語なんてほとんど知られていなかった。「コプチャンチョンゴルって人の名前ですか？」なんて言われたこともあった。初めて聞く日本人には何か「呪文」のように思われたよ

うだったが、かたや韓国の留学生などはバンド名を聞いて爆笑していた。

韓国デビューのときも同じだった。当時の韓国音楽業界において「初の日本人バンド」は重要でエポックメイキングだったのだが、そこは見事にスルーされ、それよりも「ウリナラの食べ物の名前のバンド」として取り上げられることが多かった。テレビ出演のときなども、まずは料理のコプチャンチョンゴルが画面にでかでかと映ってから、メンバーが登場するといった具合である。今でも、「変な名前」のバンド、歴代1位に輝いているという。

そして、そのコプチャンチョンゴルを初めて食べたのは、バンド結成後、しばらくたってからだ。ついに我がバンド名とのご対面となったわけだが、真っ赤に煮えたぎるホルモン鍋は妖艶な輝きを放ち、一口すると、「効く〜!」。

コプチャンチョンゴルを食べるコプチャンチョンゴル。左から、ベース明井幸次郎、ボーカル&ギター佐藤行衛、ドラム伊藤孝喜

熱い、辛い、美味い! 強烈で複雑な内臓肉のうま味と、刺激的な唐辛子スープに、我を忘れて汗だくで頬張った。食後の爽快感と満足感は、まるでライブステージを終えたばかりの如し。冒頭にも書いたとおり、まさに「ロックな味」だった。

ところが最近の韓国では、このコプチャンチョンゴルをあまり見かけなくなった。昔はよくメニューにあったのだが、どうしたのか? 実はコプチャンの需要が高まり、質の良い内臓肉が出回るようになって、どの店もちょっと高級なコプチャングイ(もつ焼き)が専門になってしまったらしい。さらにコプチャンチョンゴルは、オヤジ臭いイメージがつきまとうのか、若者がオーダーしなくなってしまったのだという。

そうなのだ。コプチャンチョンゴル、

夜明けのヘジャンククは酔い覚まし

それは追憶の味。我がバンド〝コプチャンチョンゴル〟もまた、韓国ロック・オールディーズをレパートリーにしているがゆえ、追憶の味が売りのバンドである。つまり私自身の音楽性と志向性に、完全にマッチしたバンド名をつけたと自負している。

そんなバンド名ゆえに、私は面白いアイデアを思いついた。「いっそのこと、全曲、食べ物をテーマにした歌のアルバムを作ったらどうかな」と。

2014年、4thアルバム『メニュー(お品書き)』は完成した。バンド名を呪文の如く連呼するグラムロック「俺たちゃコプチャンチョンゴル」から始まり、1960年代GS風「夜明けのヘジャンクク」、演歌「ホンオの涙」、屋台賛歌「ノガリ・ツイスト」、バラード「ツルマンネングサで始まりハタハタで終わった恋の歌」、サイケデリック・インスト「ムグンジ」、土着的フォーク・ソング「雨の日はピンデットク」などといった曲で構成されている。

「夜明けのヘジャンクク」は、日本で「夜明けのコーヒーをふたりで飲もう」といえば、「今夜一晩一緒に明かそう」という口説き文句になるが、こちらでは「夜明けのヘジャンククを一緒に食べよう」がそういう口説き文句になるとか。ヘジャンククとは、牛の血の煮凝りが入った酔い覚ましスープで（それ以外にも色々な種類があるが）、効果は抜群。そりゃもう疲労回復、元気溌剌となるわけで……いやはやなんとも即物的でストレートなセリフだなぁと。

ただし最近の若者は、「家でラーメン食べてく？」がお誘いの言葉らしい。家で一緒にインスタント・ラーメンを食べようって、経済的理由ですかね？ 口説き文句にも、不景気の波が押し寄せて来たのかもしれません。

ホンオ（エイの刺身）とメンバー

「ホンオ」は、ご存じの方も多いと思うが、世界で2番目に臭いといわれる食べ物、発酵したガンギエイのことである。世界でも珍しいアンモニア発酵のため、その匂いは強烈だ。全羅南道の港町、木浦の名産であり、この「ホンオの涙」は、港で食べるホンオの匂いとその味に、昔別れた恋人の面影を探すという、追想の味の歌だ。

確かに、食べた翌日に鼻腔にアンモニア臭がフラッシュバックする、嫌でも身体が記憶してしまう味である。私も初めて口にしたとき、口から鼻の裏側に突き抜ける、アンモニア臭のすさまじいジェット気流に涙したし、翌日、道を歩いていると、どこからともなく（実は自身の体内から）、その匂いが漂ってきたのだった。

インスト・ナンバーの「ムグンジ」とは、古漬けキムチのことだ。酸っぱくて、奥深い、何とも形容しがたい複雑な味。キムチチゲなどの料理に使われるが、そのまま食べるのが好きな人もいる。その非常に高い酸度は、もはや麻薬級であり、考えるだけで唾が溜まってしまう。韓国における梅干しのような感覚か。

　平昌オリンピックのときに、外国人にキムチを紹介する映像が制作されたのだが、そこにちゃっかり、私が登場。「ムグンジとは何ですか?」との質問に、私は「宇宙人!」と回答。その場面のBGMには、この曲が使われていた。ムグンジの味は、そう、やはり目くるめくサイケデリックな響き以外にないだろう。

　そうなのだ。韓国ロックのゴッドファーザーこと、シン・ジュンヒョン先生の独特なサウンドは、音と音の隙間から醸し出される、まさにこのムグンジの香りだと、私は思っている。ただの懐メロではない。今現在、世界中のサイケ・ファンから絶大な評価を得ている先生の音楽は、まさに発酵しつづける、芳香なロックといえよう。韓国ロック、その実態は、発酵サウンドに他ならない!

4thアルバム『Menu(お品書き)』(2014年)

　さて最後に、このアルバムの中で、放送禁止曲に指定されてしまった曲があるという話をしたい。それは、犬料理を歌った「悲しきポシンタン」である。ポシンタンとは、犬鍋だ。

　この歌は、食用とされる犬の悲哀と、食べる側の人間との微妙な関係を面白おかしく歌った歌なのだが、韓国国会は2024年1月9日、犬の食肉処理と流通/販売/料理の提供を禁止する法案を可決した。法律は3年間の猶予期間を経て、2027年に施行される予定だ。2027年からは、食用を目的として、犬を飼育、屠殺、販売したら、最大で3年の懲役または最大3、000万ウォンの罰金が科される。

韓国の長い歴史を持つ伝統的な食文化が、ついに韓国人の手で終焉を迎えることになってしまった。個人的に残念なことこの上ない。犬肉は美味い。牛や豚など、どの肉が一番好きかと聞かれたら、私は声高らかに宣言する、「犬」と。この美味を記憶の底に定着させるのだ！　残された時間は少ない。最後の最後の日まで、私はこの歌を歌い、食べつづけることだろう。嗚呼、まさに悲しきポシンタン！　ポシンタンよ、永遠なれ！

バンドリーダーの佐藤行衛。韓国ではソロ活動も多い

食と文学

グルメ小説としての『火山島』

四方田犬彦 Yomota Inuhiko

東京大学で宗教学を、同大学院で比較文学を学ぶ。批評家。詩人。エッセイスト。1979年にソウルの建国大学に客員教授として赴く。『われらが〈無意識〉なる韓国』『戒厳』などの著作あり。

金石範《キムソクボム》の『火山島』をグルメ小説だといったら、きっとカンカンになって怒る人もいるかもしれない。

いうまでもなく、これは1948年4月3日に済州島《チェジュド》で起きた虐殺を背景に、幾多の人物が交錯する、大真面目な歴史小説である。全7巻、4500枚という途轍もない長大さに怖気づく人もいるだろう。けれどもそこに描かれているのは、単に悪夢としての歴史認識だけではない。エロもあればグロもある。李香蘭そっくりの謎の美女が出て来たり、酒池肉林のご馳走オンパレードがあったり、左右善悪をこき混ぜて一大曼荼羅が形成されているのである。だから緊張して姿勢正しく読もうとするあまり、つい途中で放り出してしまうよりも、自分なりの角度からドンドン読み進めていくのがいいと思う。筆者は昔の大映映画のファンだから、もし映画化するとしたら、若いころの仲代達也が主演というのがいいかなあとか、若尾文子の出番はないかなあということを空想しながら読みました。

主人公と思しきは芳根《パングン》という青年で、銀行と自動車会社を経営する実業家のドラ息子。日本統治下に生まれ、小学生のときに御真影のある建物に放尿したというので、大目玉を喰らって退校処分。長じて左傾化して入獄。一度は転向して出獄したが、解放後も島で反共青年団の連中を殴ったり、血の気が多いわりにはオッチョコチョイが多い青年である。

この芳根に音大生でピアニスト志望の妹やら、父親の後妻やら、長らく李家で食母《シンモ》（女中）を務めてきた、豊満な体格の四十女やら、はたまた地下に潜行中の南労党員やら、山中の洞窟に住む仙人めいた老人、さらに乞食めいた格好で民間治療に長けた老人など、政治的立場を問わずさまざまな人物が登場し、混沌とした世界を形作っている。

単なる歴史小説だと思ったら大間違い。悲惨な戦闘場面もあればラブレーを髣髴させる祝祭もありという、とんでもない大長編なのである。まず第一章の書き出し、済州島の道をゆくバスの描写からして、リアリズムの度を越したリアリズムである。悪臭の大洪水なのだ。

農夫たちの皮膚の臭い。醤油漬けの大蒜（チャンアチのことか）の臭い。乗客たちがバスに持ち込んだ雑穀と干物の臭い。籠のなかの雛たちの鶏糞の臭い。そこに、誰がやらかしたのか、放屁の臭いまでが加わることになる。わたしはいつか、この作品に描かれている臭気の描写について、カタログを作成してみたいと考えている。なにしろ主人公の名前からして、「芳根」なのだ。

芳根の兄は大阪で日本人女性と結婚し、彼女の籍に入って日本名を名乗っている。だから次男坊ではあるが、芳根が祖先を祀る儀礼を取り仕切らなければならない。とりわけ今回は母親の祭祀を迎えることになったので、きわめて厳粛な儀礼である。解放後の日々を無為に過ごしている芳根は、なかなか気が進まない。前の晩には料理屋の二階にあがり、女将を相手にビールやら粟焼酎やらをしこたま呑んでしまい、とうとう朝帰りの身になってしまう。

芳根は壮絶な二日酔いの身でふらふらと帰路に就くのだが、空腹を覚えた彼は、ここで繁華街からつい脇の路地へと横道をしてしまう。看板も出ていない、小さな居酒屋がある。油でくすんだガラス戸を開けると、天井も壁も柱も黒ずんだ店内には、生臭い肉の臭いが立ち込めている。テージセッキフェ（돼지 새끼 회）を出す店である。

テージセッキフェとは児猪膾《アジェフェ》ともいい、牛や豚の胎子と羊膜を切り刻み、羊水に浸して食べる料理である。タレは酢醤油がベースであり、コチュジャンやらゴマ油、ゴマ、砂糖、唐辛子の粉、ニンニク、葱など、さまざまな薬味を加える。豚が名物である済州島では、年中豚を屠畜しているわけだが、ときどき妊娠中の豚が混じっていることがある。そのときに特別に胎児を取り出して食用に供するわけなのだが、一匹の豚が孕む児はせいぜい七匹か八匹だろう。育ち過ぎの胎児では味が落ちる。豚はふつう、114日前後で出産するのだが、二か月を越したものでは膾《さしみ》にはならない。一か月か一か月半程度のもの、大きさにしてまず十センチくらいのものが適当である。それも屠畜後、あまりに時間が経過したものであってはいけない。夏なら十時間、冬なら二十四時間以内に調理し、食卓に供せなければならない。

こんなふうに書くと、読者は筆者のことをいかにもこの道に造詣の深い韓国グルメのように思うかもしれないが、それは誤解である。グルメなのは金石範さんなのであって、ここに記した説明はほとんどが『火山島』の本文からの、調子のいい受け売りにすぎない。筆者は残念なことに、いまだこの珍味を食したことがない。

「李芳根は二、三匙つづけて口へ入れた。コリコリとさわやかな歯ごたえがするほどに軽く嚙みながら、小さな軟骨を舌先でえり出してから飲み込む。ときには軟骨をも嚙み砕く。羊水と血のまざった、生命の原始から湧き出るような深い味が、複雑な味つけの隙間をぬって口全体にひろがる。食べはじめのころは、このちょっとした生臭さが鼻について、焼酎を飲みながらにおいを消したものだった。しかし、変に味つけを濃くしたりして、この微妙な生まの生命のにおいを消してしまうと、もはやセッキ膾ではなくなる。そして色はやはり、黄でもない、緑でもない、また他の色でもない、肌色の細い肉片を蔽った薄い血の色でなければ、このにおいと味にそぐわないのだ。李芳根は細く刻まれた肉片が混じってとろっとした粥状の液体に匙を入れながら、羊水が生命のにおいなら、生命は血の色をしているなと思う。」（『火山島』第一巻、文藝春秋、1983、253頁）

もっともこの道楽息子は口を拭おうとしてハンカチを取り出したとたん、それに口紅がついているのを発見してしまう。前夜の狼藉の勲章なのだろう。妹に見つかったらまずいなと思いながら、つい自分でも苦笑してしまう。居酒屋にはもう一人、朝っぱらから呑んでいる常連客らしき男がいて、母親の祭祀を迎える身でありながら女のところに泊まり、朝から生臭い「補腸剤」を補給するとは、東方礼儀の国朝鮮にあってなげかわしいと、酔っぱらって絡んでくる。それでもセッキフェの効果は抜群。二日酔いの頭痛はみごとに消えた。芳根は解放された気分で家に向かう。口紅のついたハンカチは、途中でゴミ箱に捨ててしまう。

済州島は豚の王国である

朝鮮半島は日本同様、仏教を国教と定めたこともあって、長く屠畜を禁じていたが、モンゴルが13世紀に高麗を支配した時期に肉料理が定着した。とりわけ気候温暖な済州島は、虎がいないこともあって（?）元の直轄地とされ、牧畜が盛んとなった。牛馬の放牧が大々的になされ、そこから戦闘馬が輩出した。豚も同様である。済州島といえば豚というくらい、どの農家でも豚を飼育した。筆者は大昔にソウルの延世大学校近くに住んだことがあったが、近くの新村にサムギョプサル専門店があって、アジュモニから済州島の豚だよと自慢気にいわれたことがあった。

『火山島』には、実に頻繁に豚が登場する。性欲に悶々と悩む芳根は、夜に豚が尻を向けたまま、後ろ向きに自分の方に迫って来る夢を見たりする。牝豚の性器と肛門が人間の顔のように口を開き、自分に向かって、糞を食えと話しかけてくるのだ。これはちょっと壮絶な光景である。もはや彼の無意識には豚がインプットされているのだ。まるでパゾリーニの『豚小屋』ではないかと、パゾリーニの評伝作者であるわたしは思う。荒涼たる火山の裾野をさすらう青年と、豚としかセックスのできない青年とを描いたあの前衛フィルムは、ひょっとして済州島の漢拏山《ハルラサン》あたりで撮影をすべきではなかったか。

テージセッキフェはなかなか手ごわそうだが、グルメ小説として見た場合、『火山島』にはもうひとつ、注目すべき豚料理が登場している。この小説のなかでは、人々は何かというと焼酎を酌み交わし、悲憤慷慨を嘆きつつお喋りに耽っている。そのときに肴《アンジュ》として供されるのが「一頭丸ごとつぶして分解した豚肉」だったり、「血がうっすらににじんで走ったピンク色の豚肉のぶ厚い切り身」

だったりする。なんだかエロティックな描写だ。もう気分は、リヨン臓物料理の巨匠フランソワ・ラブレーである。しかしいったいどのように調理した豚なのだろうか。作者が細かく書き込んでいないため、わたしは主人公がそれをうまそうに口にしている描写を読むたびに気になってしかたがなかった。

豚は牛とは違い、生食するわけにはいかない。現在の韓国では豚料理といえばサムギョプサル（豚バラ肉）が有名だが、この料理は伝統的なものではない。1970年代に政府主導の豚肉消費推進運動によって広まった料理であって、1948年の済州島で日常的に知られていたとは思えない。芳根の一挙一動を追いながら読んでいくうちに、女中が豚肉とキムチを皿に載せて運んでいたという一節にぶつかった。芳根は豚肉の「子供の掌大の切り身を手ごろに色づいて漬かったキムチにくるんで一気に口に放り込み」、「これがいちばんだ」と思うのである。

これで判明した。豚とはスユク（수육）のことだったのだ！

スユクは、本来は「熟肉」（숙육）と綴っていた。それは正確には調理法の名前であり、李王朝の宮廷料理を深く知る黄慧性（『韓国の食』石毛直道、平凡社）によると、片肉 편육 というのが正式名称らしい。牛でも豚でもいい。「熟」は茹でること。「片」とは後でチョップするという意味である。

まず肉を茹でる。それに少し塩をかけ薄切りにし、酢醬油やセウジョ（アミの塩辛）をつけて食べる。白菜のキムチに包んでいっしょに食べるとスユクはいっそう美味であると、黄慧性師は説いている。韓国では本来、豚よりも牛の方がはるかに偉かったようだ。それが政府の奨励もあって、80年代に豚の消費量が牛を超えた。豚の片肉は、今ではポッサムという名で食卓に上っている。

何だ、そうだったのかというのが、筆者の感想である。それならとっくの昔から知ってるよ。

というのも昔から檀一雄の『檀流クッキング』の愛読者であったわたしは、そこに「ツユク」という名で紹介されていた茹で豚料理を、もう何十回となく自分で調理してきたからだ。ツユクで重要なのは、茹でた肉に押しをかけることである。これで味がグッと引き締まる。そうか、それが芳根の大好きな、「血がうっすらにじんで走ったピンク色の豚肉のぶ厚い切り身」の正体だったのだ。わたしは現実のソウルや済州島に足を運ぶはるか以前から、いつも食べていたぞ。

それ以来、『火山島』の世界が急速に身近に感じられるようになった。テージセッキフェは今のところまだご縁がないが、スユクはわたしには親しい食べ物だ。これをツマミに焼酎を呑む。芳根の満足した気持ちはよくわかるのである。

済州島は二度、訪れたことがあった。一度目は4・3事件の跡を知りたいといったので、済州大学校の学生たちが三日間、島中を案内してくれた。事件のあった年はカルチ（タチウオ）がとても肥って大漁だったそうですよなどという話を聞いて、とても食べ物が咽喉を通りそうにないほどの衝撃を受けた。その後、母親を連れて、もう一度行ったことがある。そのときは毎日がお刺し身攻めでびっくりした。『火山島』を読破した者としては、機会を見て再訪してみたい。その時はやっぱり豚だろうな。

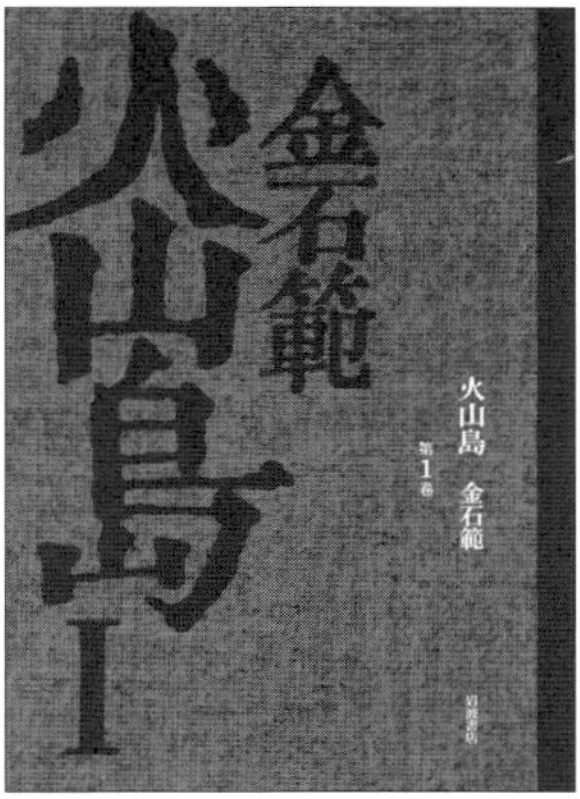

『火山島　Ⅰ』
金石範（著）
岩波オンデマンドブックス
2015 年

松の実

斎藤真理子 Saito Mariko

1960年新潟市生まれ、翻訳者。訳書に『こびとが打ち上げた小さなボール』『ディディの傘』など。著書に『韓国文学の中心にあるもの』『本の栞にぶら下がる』など。

松の実というものは、どことなくエキゾチックだった。

小学校高学年のころだったか、誰かのお土産で、お菓子の中の一部として味わったのが最初だった。見たことのないナッツで、「松の木の実だよ」と母に聞いていてとても驚いた。私の家があるのは新潟市の海に近い地域で、海岸線からちょっと入ったところに黒松の林がえんえんと続いていた。家のまわりも学校も黒松だらけだったが、松ぼっくりはよく知っていても、こんな実は見たこともない。「あの松にはできないんだって」と聞いて、がっかりした。

後で知ったことだが、松の木には、松ぼっくりの中に実がなる種類とならない種類があって、日本に多い黒松や赤松には実がならないんだそうだ。朝鮮半島に多い朝鮮五葉松という種類には実がなるため、食用に栽培されているのだとか。

初めて見る松の実は小さく、白く、光沢が控えめで、それまでに知っていたどんなナッツとも違う美味しさだった。「未ざらし」「生なり」という言葉がふさわしい松の実の素朴な味には、ローストされたバターピーナッツなどとはまったく違う不思議な魅力があった。とても小さい。けれども強い。独特の香りや風味にも惹かれた。

だがその後ずっと、松の実を見る機会はなかった。

次に出会ったのが、大学に入ってサークルで朝鮮語を習いはじめた後のことだ。韓国人の知人のお宅に遊びに行くと、水正果《スジョングァ》を出してくださった。生姜と桂皮（シナモン）を煮出して甘くして、干し柿を入れた冷たい伝統的な飲み物だ。これに松の実が浮かべてあった。

「韓国人は松の実をよく食べますよ。とても栄養がある」

　そんな話を聞いた。肉団子に刺したり、刻んでナムルにかけたり、お粥にもするのだという。「病気のとき、日本の人は米のお粥に梅干しを入れるね。韓国の人は松の実のお粥だよ」と聞いて、まるでイメージできなかったが、その後韓国に語学留学したとき初めてお粥（チャッチュク）も食べた。これもまた知り合いのお宅でごちそうになったのだが、米と松の実を一緒に挽き、水と合わせて火にかけ、クリーム状になるまで練り上げるそうで、「肉体労働よ」とその家の女主人は笑っていた。

　目の前にした松の実のお粥は清潔な白が美しく、とろりと濃厚で、だが全然しつこくない。日本のお粥とはイメージが違っていた。高級なポタージュみたい。とにかく、病気のときにこれを食べるというなら、韓国人が体力があるのも当然だなという気がした。体をいたわるというよりは、体を励まし底力を引き出す滋養食という感じだ。

　その後また東京へ戻り、三十年以上経つ間に、日本で松の実を料理やお菓子に使う機会は少しずつ増えたようだ。イチヂクなどと合わせてパウンドケーキに入っていたりする。また、みんなが韓国料理に親しむ機会も格段に増え、蔘鶏湯《サムゲタン》の松の実などが珍しくなくなった。そうなると特に珍しくもなくて、お粥のことは忘れてしまった。

　そしてにわかに思い出したのが、昨年、ハン・ガンという作家の『別れを告げない』（白水社）という長編小説を翻訳したときだった。

　この作品は、小説家のキョンハと映像作家のインソンという二人の女性の強い絆をもとに、済州島四・三事件の記憶継承運動という重厚なテーマを扱っている。小説の冒頭でキョンハは私生活の行き詰まりでもがいており（おそらく結婚が破綻し、子供と別れざるをえなかったのだと推測される）、自殺を決意する。二か月も家から出ず、宅配のものだけを食べ（しかし、しばしば吐いてしまい）、胃痙攣と偏頭痛に苦しみながら、遺書を書いて過ごす。

　だが、そこから抜け出す日がとうとうやってくる。別に、やっぱり生きようと決意したわけではなくて、死後の始末をしてくれる人に迷惑がかかりすぎないよう、ゴミを始末しようとしたら結果的にそうなったというだけなのだが。二か月ぶりに家を出たキョンハは、猛暑の熱気が残る外界の中へふらふらと出ていく。そして、「近くの駅の裏にあるお粥の店まで歩いていき、いちばん柔らかそうな松の実のお粥を注文した」という。

このときキョンハはまだ、死ぬつもりのままだったのだろう。でも、身体がひとりでに松の実のお粥の方へ向かったのだ。お粥は「ものすごく熱」く、キョンハはそれをゆっくり食べながら、店の外を行き交う人々を眺める。それらの肉体はどれも、今にも砕け散りそうに弱々しく見える。だが気づくと、キョンハはお粥を食べ終えている。

「そのようにして、死は私を避《よ》けて通過した。衝突すると思っていた小惑星が、わずかな角度の誤差で地球を回避し、飛び去っていくように。反省も躊躇も伴わない猛烈なスピードで」。

ハン・ガンに人気があるのは、こんなふうに心臓がぎゅっとするような、生と死への根源的な想像力を刺激するフレーズが随所に埋め込まれているからだと思うのだが、とにかく、作家自身を彷彿させる人物が生死の境にいるときに、そのかたわらに松の実のお粥があったことは極めて印象的だった。痛みや苦しみのさなかで、吐き通しであっても、それでも食べられるものを体が求めるのだ。ハン・ガンの作品の中で、痛みと食べることはごく近くにある。

そもそもこの作家を国際的に有名にしたのは、ものを食べない、いわゆる拒食症の女性（読んでみると、単純な拒食症ではないことがよくわかるのだ）を主人公にした『菜食主義者』（きむふな訳、クオン）だが、実はこの小説は、裏グルメ小説ともいえそうなほど、料理の描写がうまい。

「ショウガのみじん切りと水あめで漬け込んだ甘くて香りのいい豚バラ肉。しゃぶしゃぶ用の牛肉をコショウと竹塩、ごま油で味つけし、もち米の粉をまぶして焼いた、もちもちしたチヂミのような彼女だけのオリジナル料理。切り刻んだ牛肉と漬けおきした米をごま油で炒めてから、モヤシをのせて炊いたモヤシピビンバ……」。

肉をあまり食べない私でも「これは美味そうだなー」と生唾が湧くのだから、お肉が好きな人にはたまらないのではないだろうか。まず調味料と下味のつけ方がいいし、食材もいい。ポイントは竹塩、つまり天日干しの塩を竹筒に入れて焼き固めた、めちゃめちゃミネラルが豊富といわれる韓国の塩。こんな描写を見ると、ハン・ガン自身も料理が好きなんだろうなと思う。何というか、作る人の「手」が感じられるからだ。手を感じるというのは、人物像が生き生きしているということなのかもしれない。

これらの料理は、拒食症になってしまったヨンへがかつて得意としていたものだ。今は一切作らない。これは、あんなに料理上手で、自分が食べることにも旺盛で、生命力にあふれていた妻がなぜ……という夫の苛立ちを表現した箇所なのである。だがヨンへはすでに、そういう世界から遠ざかってしまっている。

ハン・ガンの小説全体を見れば、ヨンへの華麗な肉料理は例外で、野菜中心の穏やかな家庭料理が主だ。『別れを告げない』には、二人の女主人公が仲良く豆のお粥を作る印象的なシーンもあり、それは認知症を患った母親のために娘が準備した心づくしの料理だとわかってくる。「たんぱく質を摂らないといけないんだけど、他のものは消化が悪いから、豆のお粥をあげているの」と。そう、たんぱく質なのだ、大事なのは。松の実のお粥もそうで、松の実には良い脂質とたんぱく質が含まれ、仙人の食べものといわれたこともあったそうだ。

実は私は去年、三十年ぶり以上で松の実のお粥を食べた。それも、キョンハと同じようにお粥の専門店（多分チェーン店だと思う）のを。

『別れを告げない』にはたくさんの済州島言葉が使われている。ほとんどが、四・三事件当時の生々しい証言記録だ。これをどう翻訳したらいいかが最初から大問題だった。現代史の中での類似性を考えれば、沖縄の言葉しかないだろうと思ってはいた。沖縄には四年住んだことがある。けれども具体的にどうしたらいいのか。沖縄語の本も済州島語の本も取り寄せて読んでみたけど、では、どういう単語に？　どういう語尾に？　と思うと頭が真っ白になる。

それで済州島に行ってみることにした。三十年ぶり以上である。『別れを告げない』の舞台となっている土地はどこなのか作家に聞いて、バスを乗り継いで行ってみた。小説に出てくる通りの海が見え、みかんが収穫の時期を迎えていて、光があふれ、美しかった。でも、そこを歩いたところで真っ白な頭に何かアイディアが湧いてくるでもない。ただ、「来てみてもやっぱりだめだったね」と確認できただけでもよかったと思えた。それがなければもっと迷っただろうから。

日程がぎりぎりで、済州島らしいものなんか何も食べていない。帰る前日、ホテルの窓から見下ろした通りにお粥の店が見えた。ふっと、キョンハを思い出して行ってみた。松の実のお粥は、九一年に食べた家庭の味のよりはちょっと塩気が多い気がしたけど、確かに柔らかくて、熱くて、体を長時間保温してくれそうだった。優しいあきらめの味。これも滋養の一つだと思う。

韓国人の母とアメリカ人の父の間に生まれたミュージシャン、ミシェル・ザウナーが書いた『Hマートで泣きながら』（雨海弘美訳、集英社クリエイティブ）という本がある。二十五歳で母を看取った経験を中心にした自伝的なエッセイだ。「Hマート」はアメリカのアジア系スーパーマーケット。母はここで材料を調達して韓国の味を作りつづけていたのだ。ミシェルは十代のころに母と折り合いが悪かった。自分も結婚し、これから溝を埋めていこうと思っていた矢先に母を失ってしまった。

その後、喪失感を埋めるためにミシェルがやったのは、韓国料理を作ることだった。松の実のお粥は、闘病の最後のころに世話に来てくれた母の古い友人女性が何度も作ってくれたものだという。「母が飲みこむことのできる数少ない料理のひとつ」だったからだ。インターネットのレシピを見ながら作った松の実のお粥を食べたときのことを、ミシェルはこう書いている。

「目を閉じ最後のひとさじを口に入れると、わたしはやわらかなお粥が水ぶくれで覆われた母の舌を包むのを想像し、温かい液体が胃のなかへとゆっくり落ちていく様を想像しながら、余韻を味わった」。

『別れを告げない』も『Hマートで泣きながら』も、母と娘と喪失と再生のお話だ。ハン・ガンは一九七〇年光州生まれ、ミシェル・ザウナーはおそらく一九八九年ソウル生まれでオレゴン州ユージーン育ち。著者の年代も、書かれた場所も言語も違うけれど、二冊の本がすれ違う交差点の真ん中にぽつんと一つ、白い松の実のお粥を入れたお椀が置いてあるみたいで、私はその光景を想像するのが楽しい。

　その後私は結局、済州島語の翻訳の問題は自分一人では解決できず、沖縄の友人の力を借りて何とかのりきった。それから、『隣の国の人々と出会う――韓国語と日本語のあいだ』（創元社）という本を書いた。その冒頭で水正果の作り方を紹介したのだが、松の実を浮かべることを書き忘れてしまった。失敗したと思ってそのことをSNSにちょっと書いたら、日本に住んでいる韓国人の翻訳仲間の友達が、松の実を送ってくれた。有機栽培の松の実で、とても美味しい。

「母はよく冷凍庫に入れておいて、必要な時に出して使っていました」と友達が教えてくれた。ここにも松の実と母と娘の記憶がある。すごく忙しいときに四、五粒出して噛みしめる。それだけで、何だか力が湧く。本当に滋養のかたまりなんだなあと思う。

　今は私にとって、松の実はエキゾチックなものではなくなった。エキゾチックだったものに愛着を抱くようになっていく過程はいつも楽しい。そこにいろんな人の記憶が重なるなら、なおさらのこと。

『別れを告げない』
ハン・ガン（著）
斎藤真理子（訳）
白水社　2024年

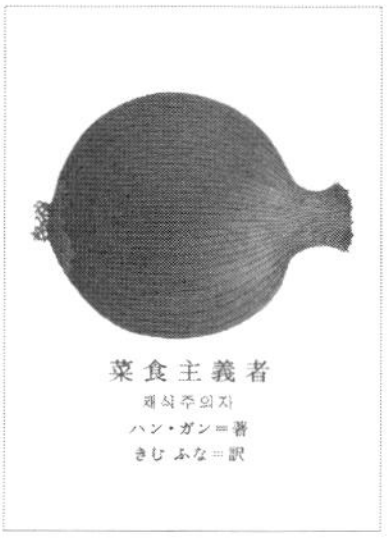

『菜食主義者』
ハン・ガン（著）
きむふな（訳）
cuon　2011年

『Hマートで泣きながら』
ミシェル・ザウナー（著）
雨海弘美（訳）
集英社クリエイティブ
2022年

全州名物タッペギクッと大邱の自慢テグタンバン

『別乾坤』（1929年12月号）
「珍品・名品・天下名食 八道名食物禮讃」より

八田靖史 Hatta Yasushi

コリアン・フード・コラムニスト。慶尚北道、および慶尚北道栄州市広報大使。ハングル能力検定協会理事。著書に『韓国行ったらこれ食べよう！』『韓国かあさんの味とレシピ』（誠文堂新光社）、『韓流ブーム（ハヤカワ新書）』（共著、早川書房）ほか多数。ウェブサイト「韓食生活」を運営。

1929年12月に発刊された雑誌『別乾坤（第24号）』に、「珍品・名品・天下名食 八道名食物禮讃」と題された特集記事が掲載されている。朝鮮八道の名物料理を紹介するもので、9人の書き手がそれぞれ短い文章ながら、各地の料理を思い入れたっぷりに語っている。宮中料理の神仙炉（宮中式の寄せ鍋）から始まり、京城（現在のソウル）のソルロンタン（牛スープ）、平壌冷麺、晋州のユッケビビンバなど有名どころが揃う。

見慣れない料理名もあるが、文章をよく読んでみると意外に見知ったものだったりする。全州名物のタッペギクッは、名産の豆モヤシを釜で煮込み、塩で味を調えたスープ料理。タッペギとはマッコリのことで、これをぐびりぐびりと飲みながら、豆モヤシのスープにごはんを浸して食べる。

「前夜に深酒をして胃腸が重たいとき、このタッペギクッに勝るものはない」

ともあり、となるとこれは現代で呼ぶところのコンナムルクッパプ（豆モヤシのクッパ）に違いない。現在の全州市内にはマッコリタウンと呼ばれる居酒屋の密集地が各所にあり、ヤカンに入ったマッコリや、その上澄みだけを汲み取って飲むマルグンスル（直訳は澄んだ酒）が有名である。これらを飲んだ翌朝に、ヘジャンクッ（酔い覚ましのスープ）としてコンナムルクッパプを食べるところまでがワンセットだ。

あるいは、大邱の自慢としてテグタンバン（大邱湯飯）が紹介されている。これも現代では馴染みの薄い名称だが、文中に「本来の名前はユッケジャン」（辛口の牛肉スープ）と説明がある。「昨今の人気で、本場の大邱からソウルまで進出している」のがポイントで、１９２０年代は鉄道交通の発達により各地の郷土料理がぐんと身近になった時期だ。大邱式のユッケジャンはソウルで評判を得て、「テグタンバン」の名で専門店が増えた。

現在では一部の老舗店を除いてほぼ使われない名称だが、興味深いことに日本の焼肉店ではそれが当時伝わったまま定着している。テグタンクッパや、テグタンうどんのルーツがテグタンバンだ。およそ１００年前に書かれた文章ではあるが、現代にも通ずる部分は多く、その魅力を伝える描写も共感できる。

この特集記事をはじめ、同時代に書かれた食を巡るさまざまな文章を収録した『１００年前に私たちが食べた料理』が２０１７年に韓国で出版されている。詩人の白《ペク》石《ソク》、小説家の李孝石《イヒョソク》、蔡萬植《チェマンシク》ら当時の錚々たる文学者の日常生活の一端である食への思いが窺えるのも興味深い。来秋、クオンから刊行することを目指して、現在鋭意翻訳中である。先に触れた文章を次ページ以降に紹介するので、ひと足先に楽しんでいただきたい。

＊『別乾坤』（１９２６～３４年、開闢社）帝国日本による植民地支配下の「京城」（現ソウル）で１９２６年11月に創刊された雑誌。「開闢社」の雑誌『開闢』が日本当局による度重なる弾圧の末に１９２６年に強制的に廃刊。その後続として創刊された『別乾坤』はやむなく路線変更。趣味や娯楽を扱う、生活に根ざした大衆雑誌として人気を得た。

『別乾坤』（1933 年 9 月号）

全州名物 タッペギクッ　多佳亭人

平壌のオボクチャンクッ（牛肉の寄せ鍋）、ソウルのソルロンタンが名物ならば、全州名物はタッペギクッだろう。名物というと何か特別な珍味のようにも思えるが、実のところそうではない。オボクチャンクッやソルロンタンと同様に、身分の上下なく誰からも愛され、値段も手ごろ。それでいて味は素晴らしく、酔い覚ましにも効果があるのだから、他地域の名物と肩を並べるだけの資格は充分だ。

むしろある面では、オボクチャンクッやソルロンタンの上をいくと言えなくもない。オボクチャンクッも、ソルロンタンも牛肉を煮た料理なので、食材自体に備わった美味しさがある。

それに対して、タッペギクッの材料は豆モヤシだけだ。豆モヤシを釜に入れてふつふつと煮込み、刻んだニンニクを少々……入れるかどうかはお好みに任せつつ、あとは塩を加えて混ぜるだけ。シレギ（干した大根の葉）を少し足してもよいが、ソルロンタンと同様に醬油を入れるのは禁物である。

どんな野菜にも言えることだが、豆モヤシは本来、あれこれ混ぜた薬味ダレをかけるなど、味付けをしてこそ美味しさが引き立つものだ。しかるに、全州のタッペギクッはそうではない。材料はわずかに豆モヤシと塩だけ。それで成り立つのは全州の豆モヤシが、他地域のそれと比べて品質で群を抜くからだ。

もちろん窒素肥料を与えているわけでもなく、ほかと同じく水で育てている。栽培の方法に違いがないのに、味がそんなにも異なるのは、すなわち全州の水がよいからと言わざるを得ない。ただの豆モヤシを煮て、塩を振って、ぐるぐる混ぜたものがかくも美味しいのだから、まことに不思議なことこの上ない。

そして、この不思議なスープの食べ方にまた奥深い趣がある。朝ごはんの前、あるいは深夜に起き出し、ひんやりとした空気に首をすくめながらタッペギクッの専門店を訪ねる。この場合の専門店とはソウルで言うところの大衆居酒屋だ。

かぐわしい香りと、心地よい湯気に包まれる、暖かな店内に入って小さな椅子に腰かける。まずはとろりとしたマッコリの一杯をぐびり、ぐびり。そのうえでタッペギクッの器にごはんひとさじを浸し、ふうふうとすすり込むのだ。

山海の珍味にも劣らない、風味豊かな味わいが染みわたる。さらに言えば、前夜に深酒をして胃腸が重たいとき、このタッペギクッに勝るものはない。それでいて値段はマッコリ、タッペギクッ、ごはんを合わせてもわずか五銭也だ。全州の物価が特別安いとはいえ、タッペギクッは特別の中でも特別だ。万人受けする料理としてはソルロンタン以上。なにもかも平凡な全羅道の料理としては、傑出した逸品であると言える。

最後にひとつ。全州では喘息を患う人が多いが、タッペギクッを食べることで、その予防になることを紹介しておく。

大邱の自慢 テグタンバン　達城人

「名物にうまいものなし」という日本のことわざがある。

一理ある言葉だ。普段から新たな味覚を求めてやまない我々が、名物という言葉につられ、過剰に期待してしまうのがその原因のひとつ。製造業者が「名物」であることに頼りきって利益ばかりを追求し、仕事がおざなりになって、徐々に平凡になっていくのも要因である。

そんな「名物」はさておくとして、ここでひとつテグタンバンを味わってみよう。この料理は、一般にユッケジャンという。

朝鮮では一部の人が滋養強壮の食材として犬肉を好む。特に南部地方の田舎では「姻戚が来れば犬を料理する」と言うほど、ケジャン（犬肉のスープ）を手厚いもてなしと考える。だが、近ごろは犬肉を苦手とする人も多く、犬肉自体も貴重になっており、そんな事情を踏まえて作られたのがユッケジャンだ。端的に言えば、牛肉のケジャン風。昨今の人気で、本場の大邱からソウルまで進出している。

三斗入る大釜にかたまりの牛肉をどっさり入れ、コムタン（牛スープ）のようにじっくり煮出したスープを作り、そこへ粉唐辛子と牛脂をたっぷりと入れる。表面を濃厚な脂が覆い、太く立派な長ネギはスープを吸ってくたくたに。煮込んだ牛肉を引き上げて、適当にちぎり入れれば、舌をやけどするように熱く、湯気のもうもうと立ち込める真っ赤なスープとなる。

その一杯を前にして、つばをゴクリ。どんなに寒さにつっぱった顔であっても、ひとりでにほぐれ、全身もとろけてむずむずする。

大邱のユッケジャンは、ケジャンを原型とした点と、朝鮮人の好みに合わせた粉唐辛子の辛さに本来の特色がある。熱さゆえに、慌てて食べるとくちびるをやけどして恋人とキスもできなくなるので、悲しい涙を流さないようご用心。

私が大邱に住んでいた中学（旧制高校）時代。『イントレランス』という米国の名作映画を鑑賞した。見終えると夜中の十二時になっていた。手足が凍え、ぶるぶる震えながら当時よく行ったユッケジャンの店に入った。

一気呵成にたいらげるや、訪れたのは唐突な眠気。大釜のふたが開くたびに、何やら怪物が息を吐くかのようで、もうもうとした湯気があがり体がぬくぬくと……。気付けば女将のひざまくら。そのとき食べたユッケジャンはいまも鮮明で、若かりし頃が懐かしまれる。

＊執筆者について
本特集記事の執筆者は目次に「各道人」とあり、各地域の出身者とみられる。「多佳亭人」は全羅北道全州市にあった多佳亭という東屋から、「達城人」は当時の大邱府達城郡から取ったペンネームと推測されるが、実際の人物としては不明。

食とはつまるところ
記憶である

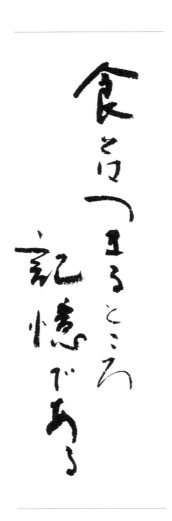

スッポンの涙

カン・バンファ
Kang Banghwa

スンデが食べられない。ヘジャンクッに入っているソンジも駄目だし、大好きなお鮨もマグロは食べられない。

思い返すと、血を連想させる食べ物が苦手なのだ。

そう。「血」にまつわるわたしの原風景は、実家の台所にある。正しくは、台所で何が起こっているかという想像の風景。

三階にある物干し場の一角に、スッポンがいた。まだ幼かったわたしは、「カメだ!」くらいのノリで、大きなポリバケツのなかのそれと遊んでいた。割り箸でつついていたのを覚えているから、素手で触ってはいけないと注意されていたのだろう。

スッポンは、忽然と消えた。一緒に遊んだのはたった数日でも、知らぬ間にいなくなってしまったことへの寂しさは残った。そんなことが何度か続いた。

ある日、祖父母が起居する二階へ下りていくと、台所の扉が閉まっていた。ふだんは開けっぱなしの、いつだっていい匂いの漂ってくる場所。それなのに今日は扉が閉まっていて、曇りガラスのはまったのぞき窓越しには、ゴトゴトとなにやら作業している影が見える。好奇心から扉を開けようとすると、奥の部屋にいた祖母に止められた。「ハラボジが用事しとるからな」きょとんとするわたしに向かって祖母は言い添えた。「スッポンな」

スッポン。そういえば今日も学校から帰ると、昨日まで物干し場にいたスッポンが消えていた。

その後の記憶は、祖母か祖父に聞いたものだろうか。それとも、わたしが後付けでつくったものだろうか。背の高い祖父のぬらりとした背中が見え、片手に包丁、片手にスッポンを逆さ吊りにしている。そして、その切り落とされた首から滴り落ちる生き血を飲みくだす祖父。それ以来、二階の台所はどこかうすら寒さを感じさせる場所となり、用がないかぎり寄り付かなくなった。

その後、わが家でスッポンを見た記憶はない。それはおそらく、わたしがスッポンそのものから目を背けるようになったためだろう。（ちなみに、当時きょうだい三人が一羽ずつ飼っていたひよこも、立派な鶏になったと思うころにぽつりぽつりと一羽ずつ姿を消していった。これも父から説明があったが、不思議なことに内容はいっさい憶えていない。）

そしていま、滴る血は、雨となってわたしに降りかかっている。

しばらくぶりの釜山。この夏はとりわけにわか雨や豪雨が多かった。本当は海で泳ぎたかったのだけれど、あいにく波が高く遊泳は無理そうだ。さいわいプールのあるホテルだったので、水着に着替え、タオルを手に屋上へ向かった。いつもながら水遊び程度では気がすまず、ゴーグルまで着けて本気で泳いでしまうわたしは、何度か折り返したあとに、プハァッと海に向かって立った。

水平線の真上に雨雲が立ちこめていた。黒くうねる、ざわめきのかたまり。それは目視でもわかる速さでこちらへ向かっていた。ざわめきがわくわくに変わり、全身が総毛立つ。知っている、いや、それどころか、慣れ親しんだ感覚であることを思い出した。黒雲に見入っているわたしを、友人が呼んだ。と同時に、ぼとりと大粒の雨が額を打った。

部屋に戻ったわたしは、海に向かって一面ガラス張りになっている壁のカーテンを開ける。雲はもう頭上に迫っていて、雨がみるみるうちにホテルごとわたしを包む。本当はあのまま屋上にいたかった。熱く激しく、泣き出しそうなほどに。

渦巻く雲からしとど降る雨、混沌として砕ける黄土色の波は、どういうわけか、スッポンの首から滴り落ちる血と重なる。あれは自分にとって幕開けのようなものだったのだと突然悟る。スッポンの涙を想うわたしはもうおらず、わたし自身がその血となって、いま目の前で波となって高くそびえ、それを楽しんでいる。

怖くない。

おぞましくもない。

それはすでに脈々と受け継がれてきたわたしの一部で、みなぎるエネルギーとして内からほとばしる。

かつて台所に立つ祖父の背中を見たあの日、心のなかで起こった嵐をわたしは拒んだ。拒まなければならないものだと思っていた。誤解だった。誤解していた。

世界でいちばん好きな人と目が合ったときみたいに、嵐と視線が絡み合う。そのただなかにいる幸福感にいま、涙があふれる。

あのころの自分へ。
あなたはこれから長い旅に出る。
嵐に揉まれるという幸運に恵まれる。
だからぞんぶんに楽しむがいい。

かん・ばんふぁ（姜芳華）
岡山県倉敷市生まれ。日韓・韓日翻訳家、講師。共著に『일본어 번역 스킬（日本語翻訳スキル）』（넥서스 JAPANESE）。和訳にチョン・ユジョン『種の起源』（早川書房）、同『七年の夜』（書肆侃侃房）、ピョン・ヘヨン『ホール』（書肆侃侃房）、チョン・ソンラン『千個の青』（早川書房）、ペク・スリン『夏のヴィラ』、同『惨憺たる光』（書肆侃侃房）、キム・チョヨプ『地球の果ての温室で』（早川書房）、チョ・ウリ『私の彼女と女友達』（書肆侃侃房）、ルリ『長い長い夜』（小学館）、ハ・ジウン『氷の木の森』（ハーパーコリンズ）、ユン・ゴウン『夜間旅行者』（早川書房）、チョ・イェウン『カクテル、ラブ、ゾンビ』（かんき出版）など、その他共訳、エッセー翻訳。韓訳に柳美里『JR上野駅公園口』、児童書多数。

済州島の夏の味

きゅうりの冷やし汁《ネングッ》

李 銀子
Lee Eunja

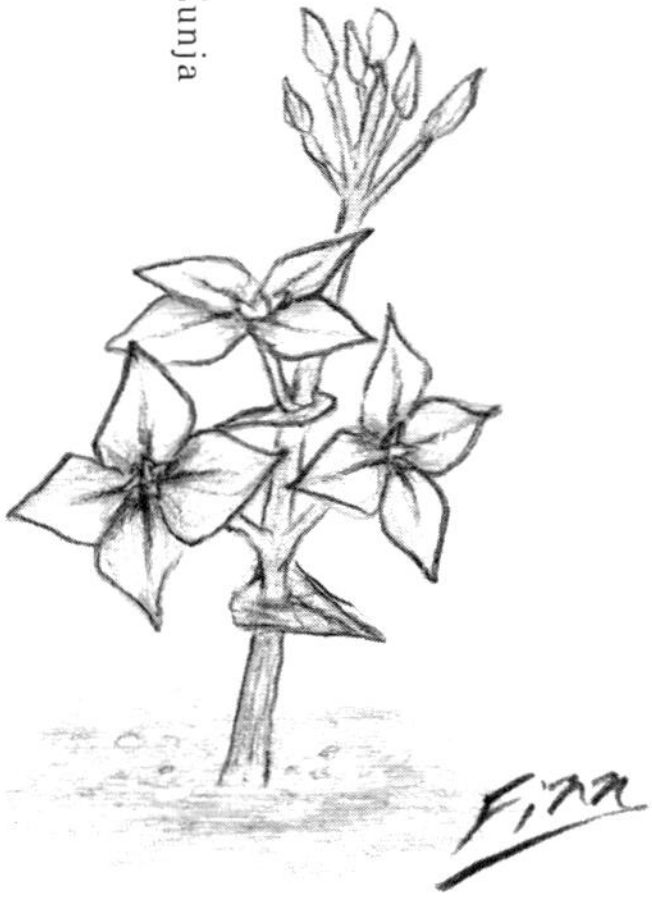

その花を見つけたのは、オモニ（母）が亡くなって三年ほどたった頃だった。冬の寒さが緩み、かすかに沈丁花の花の香が漂い、公園の木々に春のふくらみを感じ始めた頃だった。当時飼っていた愛犬のジニを連れ、いつものように近所の公園を散歩していると、一握りの薄紫の可憐な花がわたしの目に飛び込んだ。

昨日もここに来ていたけれど、気がつかなかった。いや何年もジニとこの公園を散歩しているけれど、その花を見つけたのは、あの時がはじめてだった。

その花は、晩年オモニが好きで、実家の軒先に発泡スチロールの箱に土を盛り咲かせていた「だいこんの花」だった。オモニは、この花の可憐さと丈夫さが好きだった。そして何より、おもしろいほどよく増えると得意気だった。なんだかその薄紫の花の姿が、オモニの化身のように思えてならなかった。このフシギな感覚はなんだろう。この花を、是非ともわが家に連れて帰らなくては、と心がさわぐのだ。わたしは家に戻り、シャベルを持ってもう一度公園に出かけ、一握りのだいこんの花を掘り起こし、わが家の庭に植えた。

大人になって気がついたが、オモニは料理が得意だった。

1916年生まれのオモニは、数え年十四歳で渡日し、福島で人絹の糸巻きの仕事につくが、過酷な労働の無理がたたり、喉から出血し止まらず、十九歳のとき一度は故郷へ帰った。ところが帰郷してみると、自分のオモニが病に伏せっていて、看病に奔走するもその甲斐なく、二十一歳でオモニを亡くしてしまった……と、学生時代オモニの聞き書きをしていたときに語っていたから、自分のオモニにどれほど料理の手ほどきを受けたのかわからないが、オモニは季節ごとに美味しい料理を作っていた。

オモニは故郷の済州島の料理ばかりでなく、冬にはおでんが美味しかった。オモニのおでんは、最近見る韓国ドラマの韓国式のおでんではなく、だいこんにじゃがいも、こんにゃくにはんぺん、ちくわ、ゆで卵、各種さつま揚げやがんもどき、厚揚げなどがふんだんに入った、関東煮だった。

オモニは日本で生まれた子どものわたしたちのために、またわが家の小さな町工場で働く若い衆さんも一緒に食べられるようにと、どこでどう覚えたのかはわからないが、大鍋いっぱいに作っていた。あれもなつかしいオモニの味の思い出である。

おそらくオモニは、オモニの暮らした済州島コミュニティーで見て覚えた、済州の家庭料理ばかりでなく、日本の家庭料理も見よう見真似で覚え作っていたのだろう。

聞き書きをしていた学生時代、初冬にキムチを漬けようとするオモニに、「教えて」と言ったことがあった。するとオモニは、「見るんだよ、見てたらわかるんだもの」と言ったが、若いわたしは気長に見て覚えるという時間がおしくて、結局オモニのキムチを伝授してもらう機会を失った。バカだなぁ……と思うが、あの時のわたしは、わたしを生きることに忙しかった。

オモニは昔、新聞に紹介記事が載ったこともある、コチュジャン作りの名人だった。その年のコチュジャンができあがると、コモニム（叔母）たちや友人までもがおすそ分けを取りにわが家にやって来た。残念ながら材料に何を入れていたのかわたしにはとんとわからないが、コチュジャンの材料を瓶《かめ》に入れ、毛布のような厚手の布で大事に包みこたつで発酵させ作っていた。一度何をどう間違えたのか甘酒になってしまった!?と言っていたが、それはそれでコモニムたちが集まり、楽しそうにみんなで酒盛りをしていたことがあった。オモニは料理が好きだったのだ。

わたしがオモニの味として思い浮かべるのは、夏によく作っていた済州島の夏の味、きゅうりの冷やし汁＝ネングッだ。作り方はいたって簡単。

千切りにしたきゅうりに白味噌とお酢を混ぜて馴染ませ、そこに氷を入れて冷やす。時間がたち、氷が溶けて冷たくなった頃を見計り、ちょうどいいくらいの水を足し、最後にいりごまをふると、さっぱりとした冷たい夏の味噌汁のできあがりである。具をわかめにかえてもいいし、いまならそこにみょうがを入れても。アイデア次第だ。とにかく具に、お味噌とお酢を混ぜて馴染ませ、氷で冷やすのがミソ。最近のわたしは、氷は入れず、お鍋に具を入れて馴染ませたものを冷蔵庫に入れて、食べる前に適量の冷えたミネラルウォーターを注ぎ、最後にいりごまをふっていただく。超簡単な郷土料理の極致ではないかと、わたしは思う。

お正月の朝、オモニは名節《ミョンジョル》の料理ばかりでなく、トックを用意していた。トックは、棒丸餅の韓国風のお雑煮である。子どもの頃、オモニは毎年お米屋さんに特注しておいたのし餅とトックの棒丸餅を、大晦日に切るのを習わしにしていた。わたしはその傍らでレコード大賞や紅白歌合戦を見ながら、棒丸餅を見事に均等に切り分けるオモニを、畏敬の念を持って見ていた。

オモニのトックスープは、細かく切った鶏肉、だいこんのいちょう切り、にんじんもそれに合わせた大きさ。長ネギ、きぬさや、しいたけなど五色の色合いの具をごま油でいためて塩・こしょうなど入れ、だし汁をそそぎ、アクをきれいに取り除いて味をととのえると、最後は溶き卵を流し入れる。味はいたってシンプルな塩味だった。

わたしはその記憶を頼りに、毎年オモニ風トックスープを作る。だしは手軽に顆粒の鶏ガラスープの素を使っている。いまや真空パックの切った棒丸餅が売られているが、なければ代用にやき餅を入れたり、しゃぶしゃぶ用のお餅をサッと入れて器に盛ると、最後に適度に切った三つ葉を飾る。お正月の食事を共にする義姉は、毎年食べるウンジャさんのこのスープが好き、と言ってくれる。

夏のきゅうりのネングッとともに、お正月の鶏肉スープも、わたしの記憶のなかのオモニの味。記憶のなかの郷土料理ではないかと思う。

い・うんじゃ
東京都墨田区に生まれる。1974年、ソウル大学在外国民教育研究所に留学。一年間の留学生活を通して「わたしの物語は、日本で生まれ育ったことから始まる」と悟る。評論：「ことばの杖を求めて―同時代を生きた友へ―」（『新日本文学』1994年11月号）、エッセイ：「ぎんこちゃんのころをへて」（『新日本文学』1996年7、8月号）など。

古い家の台所で料理をする三十代頃のオモニ

シッケとハンメと北のクナボジ

宋 毅
Song Eui

「ハンメ〜きたで〜〜!!」「오냐오냐 잘 왔네. 니 밥뭇나？（おぉよく来たね。ご飯たべたか？）」

少し立て付けの悪いガラスの玄関戸をガタガタ開け中に入ると奥から優しいハンメの声がした。ハンメとは祖父母の出身地である韓国慶尚道の方言で「おばあちゃん」にあたる。

小学生のころ、私の実家は商売をしていたので忙しい両親の手を煩わせないよう夏休みになると祖母の家に預けられた。

暑い夏に行くとハンメはいつも冷蔵庫からよく冷え

そん・うい
1958年兵庫県生まれの在日コリアン3世。中学校から柔道部に所属し、高校ではインターハイで全国優勝。高校卒業に朝鮮民主主義人民共和国の国家代表となる。1976年、世界社会主義国柔道選手権大会優勝。体育名手勲章を受章。エッセイ「若い日にピョンヤンでのこと——1976年12月　18歳の私は厳冬のピョンヤンにいた」(『中くらいの友だち』8号)、「釜山まで　ふるさとの訛なつかし……」(『中くらいの友だち』9号) などがある。

た「シッケ（식혜）」を出してくれる。孫の私が来ることを知って数日前から仕込んでくれていた。シッケとは、うるち米に麦芽を加えて発酵させ、砂糖や蜂蜜などで甘みをつける韓国の伝統的な飲み物。ハンメのシッケはそれに柚子の皮を刻んで香り付けしていた。グラスの底に米粒が沈殿した優しく素朴な甘さのするハンメが作るシッケが大好きだった。優しく見守るハンメの横でグラスの底に溜まった米粒をすすっていると、「もう一杯飲むか？」と言い終わるや否や微笑みながらグラスにお代わりをついでくれた。あの頃、ハンメはシッケのことを「タンスル（당술・糖酒）」と言っていた。慶尚道の方言だったのだろうか。だが朝鮮語を知らない私は「朝鮮の甘酒」と言っていた。

　ハンメの家に行くと、奥の部屋で数名のおばあさんたちが車座になって花札をしていた。おばあさんの一人がハンメに向かって「孫が来たからいうて勝ち逃げしたらあかんで！」、そして私に向かって「ハンメのタンスルは美味しいやろ。お前のハンメは朝鮮にいたころから料理上手で村では有名やってんで」。ハンメは短くなった吸いかけの煙草をガマ口の財布から取り出して火をつけなおし、煙たいのか目を細めながら美味しそうにニコニコしながらふかしていた。私は在日コリアン三世。今から約百年近く前、ちょうど関東大震災のころ祖父は貧困の果てに朝鮮半島から日本へやってきた。その時はすでにハンメと結婚していて乳飲み子もいたのだが、当時の多くの男たちがそうしたように、まずは祖父だけが単身で渡日した。

　日本語が全く分からないハンメは「大阪大正区〇〇・宋〇〇」と書かれたメモ用紙一枚もって、乳飲み子を背負い一人で祖父を探して日本に渡ってきたという。その後に父や叔父、叔母が生まれ異国の大阪の地に根を下ろした。父が10歳のころ過労がたたり祖父は他界し、ハンメは戦前・戦後の混乱期を女手一つで一家を支え抜いてきた。当時わずかな配給米からハンメは家族の食い扶持とは別に、米や雑穀を少しずつかき集めていたという。ある程度溜まるとその米でマッコリを造っていたようだ。きつい肉体労働をして帰ってきた祖父に、湯呑に一杯だけ飲ませてあげるため。

「それ見たとき腹立ってなぁ。自分も妹たちもいつも腹をすかしているのに、そのお米でアボジのお酒を造るなんて……、でもなぁ自分が大人になって酒を飲むようになってわかった。あの『一杯のマッコリ』があったからアボジは頑張れたんやろうな」

父はそう言って、懐かしそうに当時を振り返った。いったいどんな味がしたのだろ？　ただ家族への愛情がたっぷり染みこんだ味であるに違いなかっただろう。

そんな我が家のルーツである慶尚南道を初めて訪れたのは２００７年のことで、私が最初に訪れたのはもう一つの祖国のほうだった。若いころ北朝鮮の柔道国家代表選手だった私は、１９７０年代後半から80年代前半にかけて何度かピョンヤンを訪問した。

現地ナショナルチーム合宿となると、かなり長期間ピョンヤンに滞在するのだが、それは私の想像とは少し違っていた。合宿所でチームメイトと寝食共にすると思いきや、北朝鮮という国は徹底的な秘密主義で、私はホテルから練習場（ピョンヤン体育団か朝鮮人民軍体育団）までの間をお抱えの運転手のボルボで往復するだけ。三食ともホテルの食堂で、朝は典型的な西洋式メニューで、あとは朝鮮料理から中華、フレンチまで……。シェフはヨーロッパで修行していたらしくそれらは非常に美味しかったが、私は現地の住民の食生活に非常に興味があり、付き添いの案内員（監視役）に「せめて昼食だけでも合宿所でチームメイトと一緒に摂りたい」と懇願したがかなわなかった。いま思うと悲しいことだが、表面上はいかにチームメイトといえども、「在日」という枕詞が付いた他者だったのかもしれない。

でも滞在期間中、柔道の練習がオフになると、その付き添いの案内員にいろんなところに連れて行ってもらった。真夏の暑い時期、路地で氷菓を売る露天商をあちこちで見かけ、子供たちがそれを囲んでいた。私も食べたかったが試合前ということもあり、衛生面での不安で手が出なかった。


ピョンヤンの名物料理と聞かれると真っ先に頭に浮かぶのが「平壌冷麺」だろう。市内を流れる大同江のほとりにたたずむ、平壌冷麺の代名詞と言っても過言ではない「オンリュグァン（玉流館）」で提供される冷麺は、透明なスープのオーソドックスな冷麺と、お盆のような真鍮製の高坏に載って出てくるチェンバンクッスがある。これはスープが少なくちょうど中華冷麺のようなタイプで麺は蕎麦が主成分で黒い。二度ほど連れて行ってもらった。連れて行ってくれた案内員には大変申し訳ないが、私はあまり口に合わなかった。

またピョンヤンでの思い出の「味」と言えば私は何と言ってもビールだった。私が訪朝した当時の北朝鮮ではビールは二種類しかなく、上級ビールとされ国際的なレセプションや政府高官などの宴席などで限定的に提供されていた「リョンソンメッチュ（龍城ビール）」は、ヨーロッパでよく飲まれている香りと味わいを楽しむエールタイプのコク深いビールだ。

後に聞いた話だが北朝鮮で本格的にビールの生産が始まった当時は、ビール王国のチェコスロバキアからビールマイスターを呼び寄せ、同時にビールの原料となるホップを輸入栽培した。というのも朝鮮は半島といえユーラシア大陸の一部なのだ。気候風土がヨーロッパと似通っていたのでビール造りには適していたようだ。それはヨーロッパで好まれる濃色でアルコール度数が若干高くホップ香が立つエールタイプで、飲み方は日本人好みのラガータイプの様に冷やしてのど越しを楽しんで飲むのではなく常温で提供される。はじめは違和感あったが深い香りと味わいを楽しむエールタイプのリョンソンメッチュはこれがいい。いま日本で流行のクラフトビールだが種類によってはワインを味わうように常温で楽しむ人が日本でも増えていると聞く。ビールのことになるとつい熱が入ってしまうが、話を元に戻そう。

初めて北朝鮮を訪れた時、出発前に父から言われたことがあった。

「どうにかして咸鏡南道にいるクナボジ（父の兄）に、家で会ってこい。在日が家を訪問することは、それなりの深い意味がある。お前はまだ子どもだから駄々をこねろ。そして、とにかくいい成績を残せ。あの国は実績主義だから成績を残せば無理を聞いてくれる」

かつて1959年から25年間にわたって在日朝鮮人の北朝鮮帰国事業が「地上の楽園」という甘言とともに行われ、一部日本人を含む約10万人の在日朝鮮人家族が北朝鮮に渡った。そこに私のクナボジ一家も含まれていた。クナボジは北朝鮮に帰国する直前までハンメにそれを明かさなかったと言う。

「数年すればいつでも会いに帰って来られるし、オモニも朝鮮に遊びに来ればいいよ。別に今生の別れじゃないから」

クナボジはそう言ったが、結局大喧嘩になってしまい、ハンメは亡くなる直前までこの息子に会いたくて、いつも事あるごとに名前を呼んでいたという。

北朝鮮滞在中に何度もクナボジに会わせてほしいと要請した。押し問答の末にやっと許可が出て、北東部にある咸鏡南道の自宅を訪問した。そこには当時10歳くらいの私の従兄弟にあたる男の子がいた。私がポケットに日本から持ってきたミルクキャラメルを一粒あげた。口に頬張ると目を見開き驚いた顔をした。初めて味わった甘さなのだろう。そのキャラメルを箱ごと渡しながら、隣にいたクナボジに言った。

「試合前とか練習後に落ち着くためキャラメル嚙むのです。ピョンヤンのホテルに戻ったら、1ダースほど日本から持ってきているのですぐ送ります」

その時のクナボジの答えを、今も思い出す。

「ありがたいけど送らないでくれ。この子がそれを食べきったあとどうする？ 俺たちは砂糖すら手に入らない……その味をこの子が思い出したら惨めになるのはこの子なんやで」

その夜は、二人で焼酎を酌み交わしながらいろんな話をした。

「僕、子供のころ夏休みになるといつもハンメの家に預けられてん。いつも行くと冷たいタンスル飲ませてくれてね。あれ僕大好きで美味しかったなぁ。クナボジはハンメのタンスル飲んだことあった？」

私の声が聞こえているのかどうなのか、懐から取り出した煙草に火をつけ大きく煙を吐き出したまま返事をしてくれなかった。かつて故郷、慶尚南道からハンメの背に負われ、乳飲み子で日本に渡ってきたクナボジは、瞳に涙をいっぱい溜め少し遠くを見つめていた。くわえた煙草とその唇が少し震えていた。

在日の「味」と「匂い」と記憶

金 誠
Kin Makoto / Kim Sung

きん・まこと／キム・ソン
1974年兵庫県生まれ。在日コリアン３世、2008年に日本国籍を取得。2007年より札幌大学文化学部講師、同大准教授を経て、2017年より札幌大学地域共創学群教授。著書に『近代日本・朝鮮とスポーツ』（塙書房、2017）、『孫基禎―帝国日本の朝鮮人メダリスト』（中公新書、2020）、共著に『平成時代の日韓関係』（ミネルヴァ書房、2020）、『〈日韓連帯〉の政治社会学』（青土社、2023）などがある。

雨の日だった。体育館から屋根のある渡り廊下を歩いて教室に戻る途中、野球部の顧問の先生とすれ違った。すれ違い様に「こんにちは！」と挨拶をして頭を下げる。

「お、まこと、お前ええ匂いしとうなあ、昨日ええもん食ったんやな」

「あ、はい……」

中学生時代の一コマである。制服に染み付いた煙の匂いを顧問は「ええもん」と表現した。私にはごく当たり前の「匂い」が、学校という公共の場に行き着くと、多分、そこでは、あまりふさわしくない「匂い」になるのかもしれない。顧問は別に差別的な意味で私に声をかけたわけではなく、何かの注意をしようとしたわけでもない。ただ彼が想起した匂いの根拠を私に示しただけなのだ。

私は通名で日本の公立中学校に通っていた。学校生活のなかで自分がコリアンであると自覚することはほとんどなかったし、民族意識を持つということも、正直なかった。マジョリティと重なる生活のなかでは、ごく普通に「在日」を忘れていた、という感覚だろう。家に戻るとまた普通に「在日」であるにもかかわらず。ゆえにここでは在日の「味」を思い出しながら、マジョリティ空間のなかにマイノリティであることを認識させるものが何であったのかということを私的な記憶とともにぼんやり考えている。公的な領域にマイノリティの私的領域がどのように重なっていたのかということだ。そこに在日の「味」と「匂い」がうっすらと見え隠れする。

「学校」のなかの人たちに見えている空間はマジョリティの空間であり、マイノリティとしての在日の空間はそこにはなかった。そこでは在日の子どもたち自身にも私的な領域は見えないし、自分たちのことについてあまり語ろうとはしない。そんなことに興味はないからだ。教師たちはそのマイノリティの存在を知りながら、それを上手く秘匿し、マジョリティ空間での振る舞い方に注意を払い、教師をきちんと演じるのだった。私は顧問のこの一言を聞くまでは、その「匂い」について一切気にしたことがなかった。私が公的領域で「在日」を忘れながら生活していたということを気付かせてくれたのが、「匂い」をきっかけにした他者の呼びかけであった。

家族五人で暮らす狭い家のなか、七輪で焼くホルモンの煙は一気に家じゅうに充満した。煙たくても美味いから食う。私的領域において「匂い」など気にすることはなかった。それ以上にそのホルモンの「味」は幼少期から食欲を満たす記憶として私の脳裏にこびり付いていた。広さ二畳もない狭い台所の真ん中に七輪を置いて、食べたいものが順番に台所に入ってきてはホルモンを焼いて食う。小学生の頃は兄弟が並んで食べることができたが、全員体がでかくなってくると一緒に台所に入ることはできなかった。食べる順番が自然にできあがる。「味」は私的領域の空間の配置に影響することにもなった。配置を決定するのは食べたい欲求の高いものの勢いと、どのタイミングで帰宅したかということに起因した。

ホルモンは父が在日のホルモン屋や焼肉屋で買ってくることもあれば、母が肉屋で購入して来たものを味付けしてくれることもあった。「プロには勝たれへんわ」と母。確かに微妙に異なる味付けは在日文化の結晶だとも言える美味だ。これは韓国の味とはまた少し違う。残念ながらこの味を私は韓国で味わったことがない。

顧問の言葉によって忘却の世界から引きずり出された私は、この「味」を堪能するときには必ず学校の制服を煙の入らない押し入れへ押し込んでおいた。もう公的な領域を侵してはならない。思春期の多感な時期でもある。私は家中の窓を開けた。

制服のことを気にかけずに済むのは、家族でホルモン屋に行くときだった。ある行きつけのホルモン屋では、父が店主に頼んでこっそりドブロクを出してもらっていた。

「なんでそんなこっそり出してもらってんの?」

小学生の頃、そう聞いたことがあった。黙って飲む父の横で、母が一言返してきた。

「ほんまはあかんからや」

そうか、なるほど。それをこっそり飲むことのできる父はなんとなく偉い人なのではないかと錯覚した。店主と交渉ができる立場の人なのだ。そこにある、在日の美味いものを知っている、ただの酒飲みギャンブラーではないのだ。

父は在日の焼肉屋やホルモン屋で、メニューにないものを頼むことがあった。これも在日の「顔」というものだろうか。マイノリティの領域ともゴム屋(ケミカルシューズ業)の領域とも言えるかもしれない。ある店で父が言った。

「クッパ、作ってくれ」

「それはメニューにないので……」

店員がそう言うと、父は明らかに不機嫌になった。怒るとそれ以上何も言わない。父とは普段仲の悪い母も怒り心頭の様子。

「なんで作られへんの、そんなん簡単に作れるやんか、ほんま気きかへん」

私は黙ってじっと様子を窺っている。その時の在日の「味」は忘れた。そしてその店にはもう行くことはなかった。父は帰り際に「ここにはもうこうへん」と怒りと諦めの声を発していた。


ドブロクを黙って出してくれていた時代と、メニューにないものを頼んで拒否された時代。店も違ったが、この経験の記憶には数年のタイムラグがある。明らかに後者はもう在日の「顔」がきく領域の世界ではなくなっていた。それはいつだったのだろうか。

1980年代は父と母の勤めていたゴム屋の景気が良く、羽振りも良かった。しかし1990年代に入ると景気が悪くなり、ケミカルシューズ産業そのものが傾いてきていた。父や母が勤めていたような工場《こうば》は次々に閉鎖され、長田の町はゴム屋の活躍する場がなくなりつつあった。そうなるとホルモンや焼肉を通じた在日の空間も薄まり、マジョリティの空間に溶け出していった、という感覚に陥る。在日の活躍した産業の盛衰が、在日の私的な領域の濃淡そのものであり、傾くケミカルシューズ産業のなかの在日の私的な領域は、それを包み込む大きな公的領域にゆっくりと絡め取られていったのである。「メニューにないものは作れない」、という在日が経営するホルモン屋の言い分は間違いではなく、公的な領域の正しさを示している。

1995年に起こった阪神大震災はそれを一気に加速させた。この震災で父と母の勤めていた工場は無残な姿になった。もし父母が工場にいる時間に地震が起こっていたら、ふたりはその時点で命を失っていただろう。震災の後、長田の町は市の区画整理が入り、ゴム屋の車でゴッタ返していた風景は消え去った。工場から発するケミカルシューズ特有の匂いは薄まり、町は「きれい」になった。

2012年に父は死に、77歳になった母はミシンの震動で痛めた体を耐え凌ぎながら生活を送っており、兄弟はみなバラバラになって実家の七輪もなくなった。私にとっての在日の「味」と「匂い」は私だけの「記憶」にしか存在しなくなってしまった。私はなんとなく狭いと感じていた私的な領域から抜け出したいと思い、公的領域に位置付けられる日本の「教師」になろうとした。日本の小学校教諭になりたい、と、その時は思っていた。

教員養成系の大学に進学したが、そこは公的領域に合わせて生きることのできる身体形成の場であることを嫌というほど強く感じた。大学教員の話す内容にうんざりし、豊かに生きてきた周りの学生とのギャップを感じざるをえなかった。みんなマイノリティの私的領域のことなど理解はしていない。むしろそんなものはないことにしているかのように感じた。日本の学校制度を担うものたちがこうしてできあがる。しかし、この社会で生きていくということは、そういうことなのだ。公的な領域に溶け込むとは、結局、そういうことなのだ。諦念のようなその思いはやがて自壊を導く。私は、小学校教諭になることをあきらめた。

時を経て公的な領域に覆われて薄まる私的領域の世界。これはマイノリティの生活圏が漂白されてできあがった、見せかけの公的な社会と表現できるかもしれない。そうした社会に浸かって生きているからそうなのか、現在の私は父母とは違う人生を歩むなかでその漂白された社会を受け止めて、そこでの振る舞い方を自身の身体に刻み込んでいる。つまり在日の「味」と「匂い」の世界から離れた社会で生きながら、自らを漂白している。

ある日、妻に「七輪、買ってきて家でホルモン焼こうかな」と言ってみたことがある。「やめて」が返答だった。漂白された社会に生き、それを演じる立場になったということは、在日の「味」と「匂い」は彼方の世界の話であり、センチメンタルな家族の記憶として漂っているだけなのだ。

人が過去の記憶を刷り込みながら自分の存在を絶えず再生産しながら生きているとしたら、その刷り込みがどの空間、どんな領域のなかでなされているかが重要になるだろう。歴史的存在である「私」を忘れる空間に生きていることは、実は残酷である。

だから私は公的領域に在日の「名」を残すことにした。ここには倒錯がある。通名で生きてきた私的領域の「在日」が、今は韓国名で生きる公的領域の「在日」であることになっている。それは、自身の存在の呼びかけを他者から、あるいは自ら引き起こすことによって、自分が何者であるのかを忘れてしまわないようにしている。そう、人は記憶するとともに忘却してしまうものだから。

中学生のある雨の日、野球部の顧問は在日の「匂い」を感じ、私に声をかけた。その呼びかけは私が何者であるのかを気づかせるものだった。現在の私は在日の「味」や「匂い」が薄れてしまった世界に生きている。ここでは他者から呼びかけられる「声」と、私自身が視認する文字の「名」が、私が在日であることを記憶させる。

ハルモニのキムチ

ゆうき
Yuuki

稲川右樹（いながわ・ゆうき）
滋賀県出身。現在の妻（釜山出身）と大学時代に出会ったことで韓国に開眼。2001年に1年きりの予定でソウル大学へ語学留学したが気付けば在韓18年。永住かと思われたが帝塚山学院大学（大阪）に准教授として赴任し帰国。各種SNSを利用して日本人向けの韓国語教育ネットワーク構築に勤しんでいる。

※この文章は、僕がまだ韓国在住中だった頃、アメーバブログ上で書いていた「ゆうきの韓国スケッチブログ」の2016年8月20日の記事、「忘れられない瞳。ハルモニのキムチ」を修正、加筆したものである。

先日、数名の友人と一緒にある食堂を訪れました。

いわゆる「どこにでもある」タイプの典型的な昔ながらの韓国の定食屋で地元のアジュンマが地元の常連さんを相手にやっているそんなお店でした。

韓国の定食の醍醐味といえば、メインの料理ももちろんですが、それとともにテーブル狭しと並べられる数々のバンチャン（おかず）。

最近は出来合いのものを出している店も多いのですが、そのお店は、いかにも一つ一つがアジュンマの手作りといった感じで、華美さ派手さは無いものの、とても素朴でほっとするような家庭の味。

中でも白菜キムチは絶品でした。ほどよく発酵が進んで、噛み締めた瞬間に微炭酸の泡がやさしい酸っぱさとともに口のなかにジュワっと広がる感じ。噛めば噛むほど目が覚めるような爽快感につつまれます。

日本のスーパーなんかに置いてある甘ったるいキムチとは全く違う、時間とともにじっくり丁寧に漬け込まれた「まさに韓国の家庭のキムチ」でした。

そして、そのキムチを味わった瞬間、長い間忘れていた、ある韓国人ハルモニの瞳が思い出されました。

それは今から20年ほど前、僕がまだ東京に住む大学生だったころ。

当時僕は荻窪の駅前にある「ゆー◯ぴあ」という某健康ランドのホールでサービングのアルバイトをしていました。

厨房には一人の韓国人のハルモニ（おばあさん）がいました。

そのころ健康ランドの職員には、どこ

からどういう経緯で流れ着いたのか、控えめに言っても「ちょっとわけあり風」の人が多かったのですが、そのハルモニも日本にいつごろ来たのかなど、身の上の詳しいことはわかりませんでした。

ただ、相当長い間、おそらくは戦後間もないころから日本に住んでいて、手作りのキムチを持って来てはメニューとして提供していることは知っていました。

当時僕は今の妻である韓国人の彼女と付き合いはじめたばかりで、韓国という国に興味を持ち出した頃だったので、ハルモニにも仕事の合間にちょいちょい話しかけては、韓国のことを聞いたり、覚えたての韓国語を聞いてもらったりしていました。

ハルモニは「韓国なんてもう何十年も帰ってないからわからないよ」「日本の若い男のくせに韓国なんかに興味を持つなんて変わってるねえ」とまだほんのりと韓国の訛りが残る声で、いつもそっけなく、でもどこか嬉しそうに言っていました。

そして「これ、余ったから食べなさい」とレストランで出しているキムチを食べさせてくれました。

そのキムチは、今まで僕が知っていたキムチとは全く別物ではじめはその酸っぱさにびっくりしたものでしたが、不思議に後を引く……というか、ふと思い出してはまた食べたくなるような味でした。

ある日のこと、彼女のキムチを食べたお客からクレームが入りました。

「キムチの味がおかしい。酸っぱすぎる。腐ったものを食わせるのか」

ハルモニは

「そんなことはない。これはもともとこういう味なんだ」と言いましたが、チーフはクレームを受けた以上何もしないというわけにはいかず、ハルモニにキムチを持ってくるように言い、それを試食してこう言いました。

「うん、たしかにちょっと酸っぱいな」

そして、ハルモニにキムチをすべて廃棄するように命じました。

ハルモニはそれでも何か言いたそうにしていましたが、やがて深くため息をつくと、大きなタッパーの中のキムチをすべて生ゴミの袋へ流し入れました。

その時のハルモニは終始無表情で泣いてもいなければ、怒っている風でもありませんでした。

でも、その瞳は僕がそれまで生きてきて初めて見るような色をしていました。

その瞳に浮かんでいたのは、20年が経ってもなお、ありありと思い出せるその瞳は、人が深く深く何かを諦めたような色をしていました。

韓国に住んで16年が経ち、今ならそのハルモニのキムチこそが「本物」であり、控えめに言っても「ものすごく美味しい」部類に属していたことがはっきりとわかります。

　材料も気候も異なる日本で、当時あれだけの味のキムチを作るというのは、並大抵の努力ではなかったはずです。

　韓国の味にこだわらず、適当に日本人の味覚に合わせたキムチを作って出していたほうが、彼女にとってもずっと楽だったと思うのですが、それでも彼女が韓国の味を作り続けていたという事実を今になって考えると、あの味はハルモニにとって故郷の記憶そのものだったのではないか、韓国が日本人にとって今よりずっとずっと遠く、韓国人として日本の地で生きていくことが今よりずっとずっと難しかった時代、彼女の酸っぱいキムチは、彼女の人生のアイデンティティそのものではなかったか、そんなことを思うのです。

　そしてそれを全否定され、自らの手で棄てなくてはいけなかった彼女の心中は……。

　すでに20年も前のことです。

　当時すでに70歳を超える高齢だったハルモニが、今どうしているのか、まだ日本で生きているのか、韓国に帰ってきたのか、それとも…。

　そのことを知る手だてははっきり言ってありません。

　しかし、今なら当時の彼女の気持ちに少しでも寄り添うことができたかもしれないのに

　……と口惜しく思うばかりです。

〈追記〉

　このブログ記事を書いてから早いもので、8年の月日が流れた。僕がハルモニのあの瞳を見てからは実に30年近くも時が経っていると言うことになる。今もどこかで元気にしていてくださったら……と思いつつも、おそらくその可能性は決して高くないであろうと言うこともよくわかっている。

　あの頃は、韓国の味が、ここまで日本人の間に浸透し、もてはやされる日が来るとは夢にも思わなかった。誰もが気軽に韓国を訪れ、本場のキムチの味に触れて、日本に戻ってからもその味を追い求めている。鶴橋で、新大久保で、あるいは何の変哲もない日本の街角の、おそらく現地の人が経営しているのであろう韓国食堂で酸味と旨みが凝縮された、日本人に媚びていない、そんなキムチに舌鼓を打っている日本人客の姿を目にするたびに、「早すぎた」あの日のハルモニのキムチの味が思い出されてならない。

90年代の味はチキンだ

すんみ
Seungmi

小学校3年生の時のことである。私は広々とした校庭を一人で歩いて家に帰ろうとしていた。後ろから誰かが付いて来ている気配がして振り向くと、同じクラスの男の子が一歩下がったところを歩いていた。私と目が合うと、男の子は言った。

「君が好き」

当時の私は非常に内気な性格で、学校では誰ともしゃべらず、当然友達など一人もいなかった。窓際の席に座って外をずっと見下ろしているだけなのに、どうやって好きになったわけ？　と思い、戸惑った。し

すんみ
1986年、韓国・釜山生まれ。2005年に来日。早稲田大学で学んだあと、翻訳家に。韓国文学の訳書にチョン・セラン『私たちのテラスで、終わりを迎えようとする世界に乾杯』(早川書房)、ユン・ソジョン他『そしてパンプキンマンがあらわれた』(小学館)、キム・サングン『星をつるよる』(パイインターナショナル) など、日本文学の訳書に青山美智子『月のたつ森で』、中島京子『平成大家族』がある。

かし、好きだと言われたからには、私もなんらかの返事をしたほうがいいような気がして、とっさに「私も」と答えてしまった。すると男の子は、「それじゃあ、離れて歩こうか」と言ってから校門で無言のあいさつをし、そのまま家に帰っていった。次の日も、その次の日も、変わった様子は見せなかった。小学生にできるデートらしい出来事、例えば、学校前の屋台で一緒にトッポギを食べたり、文房具屋に行って一緒に文房具を選んだりということも起きなかった。それから3年後、私はその男の子が海外に移民したという話を別の友だちから聞いた。

　高校を卒業したある日、彼に偶然ばったりと出会った。大学進学のために移民先から帰国したという。連絡先を交換し、時々ごはんを食べに行くようになった。私は面白半分で、あの告白は何だったんだと校庭での告白について尋ねてみた。かわいかったね、と言う私に、彼は言った。

「あんまり覚えてないけど、お前がチキン屋の娘だったからだろう。うらやましかったんだよ」

はあ〜？　あの告白って君（のチキン）が好きって意味だったんかよ……。

　でも、わからないでもない。当時は1990年代の初めで、揚げたてのチキンを家まで配達してくれるフランチャイズ店が増え、子どもたちの間でチキンの人気が沸騰した時期だった。両親はククス（麺）の店、フェ（韓国の刺身）の店を経て、チキンのフランチャイズに業種変更をした。時代の流れにしっかり乗ったのだ。フランチャイズのイメージキャラクターは、当時最高の人気を謳歌したお笑い芸人イ・ギョンギュだった。宣伝用に制作された下敷きには、両手にチキンを持って満面の笑みを浮かべている彼が写っていた。それを開店記念に配布すると、子どもたちの間で「イ・ギョンギュがこの店に来る」といううわさが一気に広まり、私がイ・ギョンギュと親戚か何かというデマまで流れた。子どもから話を聞いたという大人が、イ・ギョンギュはいつ来るのかと店を訪ねてくることもあった。そんな騒動が起きるほどには、チキン店が注目されている時代だった。

1988年のソウルオリンピック以降、韓国では外食産業が急成長を見せた。それまで外食は、誕生日や記念日などの特別な日のイベントと考えられたが、家までチキンやチャジャン麺などを届けてもらったり、ファストフードの店にハンバーガーを食べに行ったりするのが普通の出来事になったのだ（とはいえ、私が初めてマクドナルドでハンバーガーを食べたのは、小学校5年生のことで、いまでも初めてハンバーガーを注文した時のドキドキが忘れられない）。

当時の様子をネットで検索してみると、食べ物の変化を指摘する1992年の記事が見つかった。「好まれる食べ物が変わりつつある。キムチやカクテギ、味噌チゲではなく、ハンバーガーやフライドチキンを楽しむ人が増えてきてい」て、こうした食文化の「国際化」は「精神的な変化までもたらす恐ろしい力をひそめている」と韓国人の行方を心配する内容だ。ファストフードに慣れることで便利主義、個人主義に陥るかもしれないという、やや過度な心配をしているような気はする。しかし、チキンとビールを合わせた「チメック」という新造語が生まれたり、漢江《ハンガン》公園でチメックを楽しむのが新しい文化になったり、サッカーの試合がある日にはデリバリーを頼んでチキンを手に入れられた者が勝ち組と言われたりするほどには、確かにいろいろな変化が起きている。

我が家のチキン店は小学校が近くにあり、周辺にいくつものマンション団地があるという好立地にあった。そして、店を挟んだ向かい側には別のチキンのフランチャイズ店があった。母は差別化を図ろうとして、チキンに海鮮チヂミをおまけとして付けるようになった。当時、コーラなど飲み物をサービスするところは多かったけれど、チヂミはあまりにも太っ腹すぎた。日本で言えば、チキンを頼んだらお好み焼きが付いてきたという感じだろうか。とにかく、母のその大胆な判断はチキンの味に慣れない大人たちの間で評判になった。押し寄せてくる注文に両親だけでは対応しきれず、小学生だった私と兄二人でチキンを配達することもあるほどだった（そんなことが許される時代であった）。

両親が店のことで忙しいので、お弁当のおかずはいつもチキン。ヤンニョムチキンの日もあれば、フライドチキンの日もあった。幸い、私はチキンが大好物で、毎日食べても飽きなかった。そのことをうらやましがる子が多かった。そして、私に告白をした男の子も、その一人だったのだろう。私ではなく、チキンが好きだったのだろうという彼の話に呆れるけれど、改めて思えば、90年代はやはりチキンの時代だったなと思う。

チョ・ナムジュ著『82年生まれ、キム・ジヨン』（斎藤真理子訳、筑摩書房）など韓国文学でも見られるように、１９９７年末の「ＩＭＦ危機」以降、小資本で、かつ素人でも参入できる商売ということでチキンのフランチャイズ店が注目された。今では自営業のトップ５に必ず入るほど、韓国にはチキン店が多い。博士号を取ってもいつかはチキン店の社長さんになる、という冗談があるほどだ。その分、競争が激しくなり、味もしょうゆ味、ニンニク味などの、様々な味が開発されている。ピザとチキンのセットも定番となった。

しかし、私はあの90年代のシンプルな味が忘れられない。その味には、愛の告白をさせてしまうほどの力があったのだから。あの頃のチキンはやはり、「精神的な変化までもたらす恐ろしい力をひそめてい」たのかもしれない。

韓国料理の記憶を辿る

中沢けい
Nakazawa Kei

なかざわ・けい
1959年神奈川県横浜市生まれ。1978年『海を感じる時』で第21回群像新人賞を受賞。1985年『水平線上にて』で第7回野間文芸新人賞を受賞。代表作に『女ともだち』『楽隊のうさぎ』などがある。K-BOOK振興会代表理事。

韓国の食べものについてというお話で、さて、どうしようかといろいろに考えた。素直に記憶を辿るのが、いいのかもしれない。そんな気がしてきた。

最初に驚いたのがエゴマの葉だった。一九九三年に済州島へ出かけた時のことだ。その頃の済州島は韓国のハワイと呼ばれ、飛行機の機内は新婚旅行のカップルが目立った。大皿にもられた白身魚の刺身に、レタスやサニーレタスと一緒に濃い緑色の葉が載っていた。レタスの葉に刺身を載せ、コチジャンや大蒜と一緒に食べるという食べ方をこの時に覚えた。で、濃い緑色の葉を紫蘇だと勘違いしたまま口へ運ぶと、食べたことのない香りが口の中いっぱいに広がった。エゴマの葉の味は、紫蘇の葉との勘違いと一緒に覚えた。今ではデパートの地下食品売場で探せば、小分けにしたエゴマの葉を見つけることはそう難しくはない。けれども、少量のエゴマの葉を買うというのが、私には不満だ。たくさんのエゴマの葉を抱き合わせた束にして売っているのを見るとうれしくなってしまう。新大久保の韓国市場へ行けばいつでも買えたが、近頃、様子が変わってきた。少人数の家庭向けの小さい束が売場に並ぶようになった。

　済州島から釜山へ回るという最初の韓国旅行で取憑かれたのは石焼きビビンバだった。それまでも焼き肉店のメニューでビビンバを見てはいたが、食べたことはなかった。日本の五目寿司のように、きれいに盛られた具を崩さずに食べるものだと思い込んでいた。済州島のリゾートホテルで出された石焼きビビンバを、同じテーブルにいた人々が、いっせいに混ぜ始めた時は、えっ、そんなに混ぜていいのと目を丸くして眺めた。ビビンは混ぜるという意味だと教えてもらったのもこの時だ。熱々の石の器の側面にご飯を押しつけおこげを作っている人もいた。

　石焼きビビンバが食べたいと、東京近郊の我が家でその驚きを思い出している時に、飯倉の全日空ホテルの食堂へ行けば、石焼きビビンバが食べられると教えてくれたのは誰だったか？　石焼きビビンバのために飯倉の全日空ホテルまで何度か出かけた。ごはんの上に載っている具が韓国のものより少ないような気がした。気のせいかもしれない。五目寿司を食べるように、混ぜずに食べる人の姿もあった。

　スプーンが主で、箸は補助に使う。皿や茶碗はテーブルから持ち上げてはいけないという食卓の習慣をおもしろく感じた。大きな鉢に盛り付けられたスープに柄の長いスプーンを伸ばしスープをすくって飲むのも珍しかった。柄の長いスプーンはスッカラと呼ぶのを覚えた。ソウルの繁華街へ行くと、銀のスッカラと箸を組み合わせたものが美しく並んでいた。結婚する時に銀のスッカラと箸をあつらえるのだと教えてくれた詩人がいた。「でも銀のスッカラも箸もすぐに折れるからあまり実用的とは言えません」とも言っていた。皿や茶碗を食卓から持ち上げてはいけないという食事のマナーは日本の食卓でのマナーと逆なので、日本では行儀が悪いと誤解のもとになったり、侮蔑や悪意を向けたりされるだろうと心配になることも多々あった。一方で、ごはんが盛られたお茶碗を片手に持っておかずをごはんの上に載せていると「イルボンサラム？」と尋ねられ、取り皿を出してくれる韓定食屋さんもけっこうあった。食卓で魚の身をむしろうとして苦慮していると、すっと脇から箸が伸び、同席者が魚の身を押さえてくれることもあった。ふたつの箸で食物をやりとりする「箸渡し」はいけないと厳しく戒められていたので、箸が伸びてくるとどっきりして自分の箸を引っ込めてしまう。ふたつの箸でひとつのものをつかむ「箸渡し」は火葬にしたお骨を拾う時だけだという日本の食卓のタブーは、一一歳で父を亡くした私には心身に染みこんだタブーだが、そんなめんどうくさいことを説明するわけにもいかず、曖昧に笑ってありがとうとだけ言っている。

韓定食で思い出したが九〇年代のソウルでは頭に韓定食一式を載せ出前に出る女性の姿をよく見た。大きなお盆の上には汁物も載っているので、ずいぶん器用な運び方をするものだと感心して眺めていた。食堂に入ると注文する前に、副菜がどんどん並ぶのにも面食らった。これを食べて待っていてねというわけで、てきとうにつまめばいいのだと教えてもらっていたが、それでもあれよあれよという間に小皿料理が並ぶのには驚かずにいられなかった。最近では食べきれるだけの少量が出てくるようになった。気ままに思い出してみると、韓国の街の食物や食事の風景もずいぶん変わったものだ。

私のうちの台所にキッチン鋏が置かれるようになったのも、考えてみれば韓国旅行をするようなってからだ。韓国の料理屋さんでは鋏が大活躍するのを見て、うちの台所にも鋏が欲しくなった。食物の名前や料理の名前をあまりよく知らないという男性の作家や詩人もいて、日韓の文学者会議の宴席で、話題に欠くので、料理の素材を尋ねたりすると、韓国側の出席者の間で、「これはいったいなんという素材でできているんだ？」という質問が飛び交うこともあった。その頃にはまだ料理人が人気を集めるなどということもなかったにちがいない。高級ホテルのバーでもイナゴの佃煮が出た。バーで栗の皮を剥いただけの生の栗が出て「これは噛んでいると甘くなるんだ」と勧められたこともあった。

仁寺洞の入口あたりでは、蚕の蛹に味をつけたポンデギを売っている屋台店もあり、学校帰りの女子高校生が歩きながらポンデギをつまんでいた。秋の慶州でスルメイカを山ほど積んだ軽トラックに出会い、あんなにたくさんのスルメを買う人がいるのかしらと首をひねっていたら、キムチをつける季節だからスルメを売りにくるのだと教えてもらった。スルメやオキアミの塩辛をキムチに入れると良い味になるとか。まだ自分でキムチを漬けようと試みたことはない。

東京のデパートの地下食品売場で、手軽に韓国料理の素材を買うことができるようになったのは『冬のソナタ』がブームになってからだったか。記憶は曖昧だ。食事の支度に時間をかけられない日は、ナムルの詰め合わせを買ってきて、石焼きではないビビンバを作るようになった。ごはんの上にもやし、人参、ほうれん草、大根、ゼンマイのナムルを載せればできあがりだ。韮のチヂミを作ろうとして悪戦苦闘していたのは、東京のデパートの地下食品売場に韓国料理の惣菜屋さんの店が出るようになる前だったか。新大久保へ食材を買いに行くようになっていた。粟、稗、もち麦などの雑穀、日本のマクワウリのようなチャメ、など野菜や果物を買っていた。ある日、雑穀類の棚の隣の棚にチヂミ粉をみつけ拍子抜けした気分になった。自分の家の台所で小麦粉と上新粉を混ぜたりする工夫をしていたのはなんだったのだろうとため息が出た。

大阪の鶴橋の市場へ行けばヤンニョムケジャンを買えるよと教えてもらった。鶴橋は魚類も野菜も豊富な市場だった。鶴橋の市場で、タンポポの葉を探したこともある。以前、売っているのを見かけたので「タンポポの葉はありませんか」と尋ねると「さあ、最近はあまり扱わなくなったから」と返事をした八百屋の御主人の目の前をタンポポの葉を籠いっぱいに持った女性が通り過ぎた。「あそこにタンポポの葉を持った人がいた」と、八百屋の御主人が女性を追いかけたので、私もついて行った。で、タンポポの葉を一山分けてもらった。そんなに高いものではない。しばらくタンポポの葉のサラダを食べて過ごした。

日本の韓国市場でみかけなくなったものに桔梗の根、トラジがある。トラジのナムルは好きな人はいるから、ソウルで探せばあるかもしれない。

思い出しているときりがない。最後に美味しかったもののことを書いておこう。河東で食べたシジミの汁はすばらしかった。塩味だけのシンプルなシジミ汁で、刻んだ韮が散らしてあった。この食べ方は私もまねをしている。麗水で食べた鱏のフェ。鱏のフェが大皿一杯に出てきたので、こんなに食べきれるかしらと不安になった。鱏のフェはアンモニア臭がすると言われるが、麗水で出てきた鱝のフェにはそんなに強い香りはなく、弾力があり濃厚な味だが、いくらでも食べられた。ソウルの東門市場のタッカンマリ。鶏一羽を煮た料理はたいへんな人気になって、最初は一軒だったタッカンマリ屋さんが今ではタッカンマリ通りと呼ばれる一画になっていると聞く。鶏一羽をまるごと煮たタッカンマリをひどく気に入った私は近所の肉屋さんに丸鶏を注文して家でタッカンマリを炊くようになっていた。大鍋に鶏をまるごと入れ、長ネギと一緒に時間をかけて炊けばいい。最後にジャガイモを投げ入れる。仕上げに白菜キムチをどさっと入れることもある。近所の肉屋さんが取り寄せてくれる丸鶏は大きなものしかなかったので、タッカンマリを炊くと、三日ばかり同じ鍋からタッカンマリを食べ続けることになったのも昔の話で、現在はローストチキン用の手頃な丸鶏が簡単に手に入るようになった。新大久保に一軒、大阪の生国魂神社の下に一軒、タッカンマリを食べさせる店を見つけた。ソウルで人気になった料理は、東京や大阪でも同じメニューを出す店ができる。でかけてみると女性客が多い。ソウルへの飛行便は買春目的の男性客ばかりという時代ははるか昔に過ぎ去ったようだ。冬ソナブーム以来、日本からの女性の観光客が増え、韓国旅行で覚えた味を日本でも再現したいのだろう、韓国市場の食材も豊富になった。そういう意味ではヨン様はうちの台所の神様である。

ハルモニのおこづけ

金 惠貞
Kim Hyejeong

きむ・へじょん
陶芸家。東京都文京区生まれ。11歳から家族と共に韓国へ移住し、1980年代のソウルで暮らした。梨花女子大学で陶芸に出会い、以後、日本で8年、英国で7年間、陶芸を学んだ。現在はソウル北漢山麓の工房で創作活動中。好きな果物は桃。猫アレルギーだけれど、猫好き。

1970年代、武蔵野風景

自分の誕生月でもあり、季節の女王でもある五月。私の母は若い頃から五月が好きで、子供は是非とも五月生まれにしたいと緻密に計画（？）していたらしい。私も弟も五月生まれで牡牛座に双子座だ。子供の頃に住んでいた東京都三鷹市大沢には、ＩＣＵキャンパスの裏門を出て都道十四号線沿いに野川公園の方へ少し進むと、当時はまだ貸農園をしていた家々が通りにあって、母は私たちのために苺畑を一列借りていた。私の誕生日の頃になると母は自転車の前と後ろに弟と私を乗せてキャンパスを走りぬけ苺摘みに連れていってくれた。

そういえば私は子供時代カラダが重く、頭部をガーゼや包帯でぐるぐるにされていたので、幼稚園の秋のお芋掘り遠足はあまり好きではなかった。けれど五月の苺摘みはとても好きで、弟と競争するように畑に入っていった。しゃがみ込んで緑の葉っぱの間に隠れた赤い苺の実を、細い茎から掬うように摘む。その度に甘い香りがした。いつも野原で見つけて「毒イチゴだよ〜」とふざけて遊んでいた蛇イチゴや木苺の類いとは違う、本物の苺だった。「洗ってから食べなきゃ駄目よ」と言われても、母の目を盗んで何個かつまみ食いをした。すると、ちょっと土埃の味も混ざっているけれど、苺の香りが私の帽子の縁まで広がってゆく。甘さの次に少し酸味がして、なんともいえない優しい香りと柔らかさが自分の中に残った。「イチゴって、可愛い！」

自転車の籠いっぱいにその日に収穫した苺を入れて、また母が漕ぐ三人一台の自転車で家へ戻ると、洗った苺をガラスの小鉢に入れて牛乳を注ぎ、ほんのちょっとだけ砂糖をまぶして食べた。この日のために世の中には「苺のスプーン」というものがあった。それを引き出しから取り出して並べる。苺の種子の粒々をかたどったスプーンの背中で苺を上手に潰そうとするが、上手も何も無惨な形に千切れ、その先から白い牛乳は甘い香りを立てながら桜色に変わっていった。なんともダメな姿になってしまうのだが、さっきよりうんと甘くて美味しくなっている。だから潰れた苺のお皿の中は見ないことにして、「これは他所《よそ》のお家ではしちゃだめよ」と言う母の言葉を器越しに聞きながら、一気に飲み込んでしまう。「ひゃあ、なんて美味しいの。家族って、いいね」まだ皿底に残っていた溶け切っていないお砂糖の何粒かを舌の上で溶かしながら、苺の香りと緩くて柔らかい甘酸っぱさをおでこまで送り込む。幸せ〜。

母は毎年、私たち姉弟のためにお誕生日ケーキを焼いてくれた。焼き上がったスポンジケーキを冷まして、生クリームと苺で飾り付けをし、誕生日パーティをした。お友達と一緒にＩＣＵキャンパスのバカ山で思う存分クローバーの花を摘み、ダンボール箱でスケボーごっこをした。泰山荘の庭でお弁当を食べ、そのまま雑木林を下った野川公園との境でザリガニ釣りをして遊んだ１９７０年代の武蔵野に原風景や原体験がある。私にとってはエデンの園の記憶であるその時代とその場所が、私の母や父にとっては苦難の時代だったことを知ったのは、ずっと後になってからのことだ。'80年代になって家族で韓国へ移り住み、変わってゆく時代の中で、新しい言葉を学んだり、慣れない匂いに馴染んでいきながら、ヒトがただそのような木漏れ日のシアワセを体験することが、これほどにも難しいという現実を知った。

在日の母方家族

私の母は日本国東京生まれの在日二世である。祖父母の頃から豊島区高松町で暮らしていたらしい。１９４５年の解放直後にまずは女家族だけで帰韓した。男たちには仕事や学業が残っていたからだった。ところが、しばらくして朝鮮戦争が勃発。慶尚南道の片田舎では生き延びる目処がつかず、再び日本へと海を渡る決心を迫られたようだ。母は祖母が四十歳で産んだ末娘で、長兄とは歳が十六も離れていた。二人の姉はどちらもすこぶる働き者で、料理が上手く、清潔好きだった。ともかく一時もじっとしていないのは、祖母ゆずりであったに違いない。

家の中はいつも隅々までピカピカだった。先ずは玄関、それから水場。流し場は常にクレンザーで磨かれ、洗顔後に洗面器の掃除の方をより丹念にしていたほどだ。床掃除をする時は家具を斜めに動かして、隅っこに溜まった埃も取ってまわる。ウチに来た電気屋さんなどが感心して、「奥さん、オタクにはチリもホコリも無いねえ！　普通は家具の後ろとか窓枠には溜まってるもんですけどね！」と言ったとか。それを少し自慢気に、でもそんなのは当たり前だと母が話していたのを覚えている。伯母たちが集まると、常にそんな暮らしのノウハウについて、あれはこうして、これはああしてと話していた。

祖母や伯母たちの手料理の味といえば、それ以前に綺麗好きだった彼女たちの暮らしぶりを思い出す。質素だけれど清潔感と安心感に包まれた暮らし。素朴な材料を使って手間を惜しまずに引きだされた深い味わい。それらはいつも柔らかく優しく、シャキッとしていて、ちょうど良い温度と塩加減だった。

大山のハルモニ

私は母方の祖母を「大山のハルモニ」と呼んでいた。私が生まれてすぐに祖父が亡くなり、祖母は板橋区大山町に住む伯父と暮らしていた。ハルモニはよく私たちの住む三鷹まで子守りに来てくれた。私たちはいつも原っぱに出て何時間も野草を摘んで遊んだ。当時の武蔵野やＩＣＵキャンパスには、野蒜、つくし、たんぽぽ、菜の花、紫大根、ゼンマイ、蕗など、本当に沢山の草花が生えていた。

私は当時、「リッキー」と名付けた白ウサギを飼っていて、リッキーが好きでよく食べる葉っぱが何かを知っていた。それから四葉のクローバーを見つけるのが得意だった。そんな遊びをしている間にハルモニのカゴはいっぱいになり、家に帰るとそれらを洗って水につけ、さっと湯掻いて揉んだり和えたりして、魔法のナムルにしてくれた。薄い醤油の味がしっかり沁みた、つくしのナムルが私は特に好きだった。ハルモニにとっても'70年代の武蔵野は慶尚南道の故郷に繋がる場所だったのかもしれない。土の臭いのする幸せな時間だった。

私たちはよく母と泊まりがけで大山に行って、ハルモニの部屋でごろんと過ごすのが大好きだった。大山に行くとテレビが沢山観られたのが子供心に凄く嬉しかった。普段、母は私と弟にテレビをあまり観せてくれなかったから。ハルモニが好きだったテレビ番組は『水戸黄門』で、次が『天気予報』。ハルモニはいつもお天気を気にしていて、それを見終わるとひとまず納得したようにテレビを消してしまった。

部屋が静かになるとお腹が空いた。するとハルモニはエンヤと立ち上がり、台所で何かをちょちょっと作ってくれた。塩むすびだった。このハルモニの塩むすびについて、私が言葉で充分に書き表せるとは思えない。とりあえず、世界一美味しいおむすび、としておこう。母にも伯母たちにも、あのおむすびの味は出せないのだ。私は今でも時々、おむすびに具を何も入れないで、塩むすびにしよう！ と試すのだけれど、決してあの味にはならない。手が違うのだ。

ハルモニはよく私のために鶏のスープを作ってくれた。白いスープに鶏が丸ごとごろんと入っていて、ミツバの葉っぱが青く浮かんでいる。私は汁に浮かんだ鶏の背中から皮を剥いで、それをほとんど一口でぺろりと食べた。柔らかい食感と、鶏の甘い味がする脂の感じと、塩を入れたスープを後で飲むことの満足感が、これはなかなか凄いと思っていた。ハルモニはそんな私を見ながら、何かモニョモニョと唱える。

「얘가 맛을 안다！（この子は味を知っている！）」

「え？　なに？」

「オイシィデショ？」

「うん！」

思えば、私が最初に覚えた韓国語はハルモニだった。「はるもに」が日本語じゃないと考えたこともなかったし、それを「할머니」と書くことも知らなかった。私にはまだ自分が韓国人だといえるような経験は無かったけれど、自分が日本人ではないということもはっきりわかっていた。いつからそういう自意識をはっきり持ったのかわからないけれど、私たちが当たり前のように「ハルモニ」と呼んでいた「大山のおばあちゃん」がどこか他の人と違っていたからかもしれない。

清涼で深い味わい　맑고 깨끗하고 깊은 맛

その大山のハルモニが作ってくれた「水キムチ（ムルキムチ）」の味について書いておきたかったのが、今回エッセイを投稿した動機でもある。幼い頃に日本で食べた「ハルモニの水キムチ」は、さっぱりと切れ味がよく、深くてしっかり強く生き生きとした汁味の、すべてをリセットしてしまうほどのものだった。自分のハルモニだから贔屓して大袈裟に書いているわけではなく、本当にあれは世界一美味しい水キムチだった。韓国に戻ってきて今日に至るまで、もう四十年を越える歳月を韓国で暮らしているけれど、未だあれを超える味に出会ったことがない。

当時は知らなかったけれど、ハルモニの水キムチは「ペクヨルムムルキムチ（백열무 물김치）」だったようだ。大根と青菜が、米の研ぎ汁に塩とニンニク、ネギ、生姜などの薬味とともに発酵し、ちょうど良い塩梅になっていた。酸味とミネラル溢れるエキスがトロリ統合し、限りなく透明に近い白色の汁に浮かぶ大根や青菜をシャキシャキに引き締めていた。

初夏の東京で、その水キムチをスッカラ（スプーン）で一口掬っていただくと、それはチーンとおでこにまで響いて、舌の両奥と喉の手前でスッキリ切れる。お腹がすっとして身体が軽くなった気がする。さて、次はまた何を食べようか？

日本で手に入る材料で作っただろうに、生粋の慶尚道オモニの味。あの白濁しているのに透き通ったみずみずしい水ムルキムチの味を、私は今も身体で記憶している。「チーンとした切れ味」をハングルでは「찡하다」と書くことも今は知っている。외할머니、고맙습니다。大山のハルモニ、ありがとう。

イノシシのお酒

我が家には毎年冬にイノシシのお酒を造る伝統がある。高麗から李朝時代に広まった伝統酒で「三亥酒」といい、母がもう四十年近く続けている。実家はソウル最北端にある北漢山の麓なので、山間にはよくイノシシが出没する。つい最近も夕方に、子連れ三匹に遭遇して腰を抜かしそうになった。これはこれで事実だけれど、「三亥酒」というお酒に裏山のイノシシを入れるわけではない。陰暦の正月、二月、三月のそれぞれ「亥の日の亥の刻」に合わせて、三工程で造る穀酒である。

年始のまだ寒い冬場に、米粉、蒸した米粉、おこわ等を、月ごとに甕に仕込んで段階的に発酵させ、冷暗な場所で半年ほど寝かせてから秋夕の頃に開封する。韓国では個人で嗜む程度なら家でお酒を造っても法に触れない。日本の家庭で梅酒を漬けて飲むような感覚で、「家養酒」と呼ばれる自家製の伝統酒を楽しむ人は多い。

私が中学生ぐらいの頃、父が「三亥酒の伝統酒造法を守り味見をする有志の会」のような所からレシピを教わって来た。以来、伝統酒造法を守るのは母の役目、有志を集めて味見をするのがもっぱら父の役目となっていた。今では私も捏ねたり混ぜたりを手助けして、味見にも積極的に参加させてもらっている。

マッコリのような一般的な家養酒は、米と水と麹を一度の本ごしらえで発酵させる。他方で三亥酒は三工程に分けて下ごしらえ（밑만들기）をし、ゆっくり徐々に発酵させていく。なので、より複雑な味がする。

美味しいことを韓国では「マシィッタ（맛있다＝味がある）」と言い、その味とは舌を楽しませる五味（甘さ・酸っぱさ・辛さ・苦さ・鹹さ）すべてがあることを意味する。単味を大切にする日本食の文化と違うことも確かなのだが、だからと言って材料をあれこれ混ぜて「ピリ辛ビビンパチーズのせ風」にしてしまう類いの料理のことでもない。それは醤（장）や酒（술）、茶（차）に代表される、醱酵食のミクロなバランスの味わいだといえる。

ハルモニのおことづけ

北漢山の麓にある実家に両親が暮らし始めてからもう四十年以上が経つ。韓式家屋（以下、韓屋）が流行る前のことなので、１９８０年代初期にこの家を選び、ずっと暮らしてきたこと自体、ソウルでは珍しいライフスタイルかもしれない。古い韓屋を手直ししてトイレと台所は屋内に取り込み、韓洋折衷にした。何かと手もかかるけれど自然と親しむ暮らしを好んでいる。

その家に引っ越す少し前、たしか私が国民学校（現在の小学校）を卒業し、中学に上がる前の冬休みだったと思うが、再入国手続きのため、一人で飛行機に乗って東京へ行った。一人で空の旅をしたのは多分それが初めてだったと思う。

その年、大山のハルモニも伯父たち家族の念願の新居に引っ越していた。何もかもが新品で最先端の家だったけれど、新しい町には知り合いも土地勘もなく、むしろ孤独で生き甲斐を失ったような姿だった。ハルモニは私たちがソウルで引っ越す予定の新居について色々と聞きたがった。そして私に「これからハルモニの言うことをよく聞いて、必ずパパとママに伝えておくれよ」とおもむろに話を切り出した。

それは、当時住んでいた牛耳洞の家から「周りにある東西南北四方の土をひと握りずつ掘り起こし、それを引っ越し先の新居の地面に東西南北の方角を合わせて撒きなさい」というものだった。「ママによーく言ってね。ハルモニの言うことを迷信だと思わないで、必ずその通りにするように、わかったね」。

私はソウルに戻ってからその通り両親に伝えた。けれど、誰もあまりその話をまともに受けとめる風ではなかった。そもそも牛耳洞の住まいは五階建てビルの三階で、庭があった訳でもない。ビルの周辺の東西南北から土を掘ってきたとしても、果たしてそれが「ウチの土」と言えたものか、私自身も懐疑的だった。結局のところ、ハルモニのことづけは実践されることなく過ぎてしまった。ハルモニにお言葉を授かった私としては今も心残りとなっている。

きれい好きで働き者だったハルモニはチリもホコリも家内に放っておかず衛生的だった。そして野原の草花や畑の作物についてはとてもよく知っていた。そのハルモニが家の周りの一握りの土を新しい住処へ移植しなさいと言った。それらを思い返す時、海を越え、国境を越え、時代を超えて、生き抜いてきたハルモニが、どのように生命力を繋ぎ、家族を守ってくれたのか。ディアスポラを経験してきた母たちの偉大な知恵と逞しさに胸を打たれる。

私たちはハルモニのことづけを文字通りには実行できなかったけれど、幸いにして三亥酒が美味く熟すほど、年季の入った暮らしをこの家で続けることができた。ご先祖さまや天地人、宇宙万物のおかげだと思う。今秋も月の満ち欠けや星々を見あげつつ、三亥酒の杯を高く掲げ、天のご先祖さまと地の微生物それぞれに、深い感謝の念を捧げたいと思う。ハルモニ、サランヘヨ、乾杯。

「おにぎり」と「雙和湯《サンファタン》」

金 利恵
Kim Rihae

きむ・りえ
韓国舞踊家。東京都大田区生まれ武蔵野市育ちの在日2.5世。5歳からバレエ少女。20歳で民族意識に目覚め、のちフリーライターをするも母国の舞踊を求めて単身帰国。以来ソウル在住43年目。〈韓舞―白い道成寺〉、〈水と花と光と〉など国内外で公演活動。ソウルで俳句に出会い句作を始める。〈俳句を舞う―俳舞〉を試演。著書に『風の国　風の舞』(水曜社)、句集『くりうむ』(コール・サック社)がある。
https://aoitori.org/kimrihae/

雙和湯。 免疫力を高める薬草10数種を煎じた韓国伝統薬茶。 カフェなどでは松の実、 胡桃などのナッツを入れて、さらに卵の黄身を浮かべる。 Photo by 大瀬留美子

〈ウチのおにぎり〉

生ぬるい風が吹き始めて、あたりが妙にしんとなり、外は行き交う人もない。木々の葉がゆっくりと揺れ、空は重く垂れ込める。家中の窓をきっちりと閉めて、母はラジオのニュースに耳を傾ける。それから、「……おにぎり作ろうか」。やっぱり。私は、うん、とこたえて母の顔を見上げる。薄茶色のフレームの眼鏡の奥の眼が少し深刻そうだった。

炊きたてのご飯をまず御茶碗の7分目くらいまでよそい、少し冷ましてからさっき作っておいた薄い塩水で手のひらを濡らして、ご飯の真ん中に梅干しを押しこんで、それから御茶碗の中身をそのままそっと左手に受けて、にぎり始める。すこしずつ固めながら、左手で包むようにして、右手のひらを丸めて山の形にし、手の中でご飯を転がしながら三角を作る。この時の力加減が大事。できあがり。作った順に大きなお皿に立てて並べ、海苔は長方形に切っておいて、食べる直前に巻く。母の隣で手伝いながらいつの間にか私も覚えた。「おにぎりがうまく作れるといいお嫁さんになれるんだって」。母がまたそういう。ほんとうだろうか。夜になると風が強く吹き荒れて、木々が激しく揺れ、雨が窓を強く叩く。そんな夜、家族は食卓に集まって、荒れ狂う雨音を聞きながらみんなでおにぎりを食べた。心配と緊張が混じった夜のおにぎり。

＊

「東京に来たらすぐに水に遭ってしもた」、と母はよくいった。在日同胞系の新聞社に勤めていた父が東京の本社に移ることになって、家族が大阪から引っ越したばかりの頃のことだ。

5歳上の姉と3歳上の兄と母とそれからまだ1歳にならない弟と、夏の朝早く汽車に乗った。東京駅に着いたのは夕刻だったろうか。それからまた電車に乗った。夕暮れの中で、窓の外に大きな池が見えて、ボートが浮かんでいた。駅に着いてホームに下りたとき、先に東京に行っていた父が向こうの方から歩いて来るのが見えた。「パパ！」私は走り、父は笑って両手を広げ私を抱き上げた。

私たち家族がそれから長く吉祥寺の家に住む最初の日だった。翌朝、眼が覚めると不思議な匂いがした。縁側の硝子窓を開けると、庭に煙がもくもくと立っていた。先に運んでおいた引っ越しの屑を父が燃やしていたのだろう。煙は妙になつかしい匂いがした。8畳間と4畳半と台所。それに広い庭の別棟にあるお風呂。庭の隅には井戸があった。兄と二人で外に出てみた。道に沿って行くとすぐ右手に坂があって、坂の上の向こうに黄土色の建物の壁が大きくみえた。「あそこ、ぼくたちが通う四小（武蔵野第四小学校）だよ」。母から聞いていたのだろう。

大きな台風が来たのはそれから間もなく、夏の終わり頃。激しい雨が降り続き、慌ただしく家財道具を棚の上に上げていた母が、「ゆかしたゆかした」、と慌てながら畳を上げ始めた。少しして、「みずやみずや」、といった。水が家の中に入ってきたのだ。私は姉や兄や弟と一緒に押入れの上の段に座ってそれを見ていた。夜になり、水が増して母の腰の高さに達した。さらに水かさが増した頃、隣の家のおじさんがやってきて、私たちを順番に肩車にして近所のどこかの家につれて行ってくれた。

避難した家は、眼科医院だった。翌朝、眼がぎょろりとして眼袋の垂れたおばあさんがお盆に載せて出してくれたのはおにぎりと卵焼き。卵焼きの黄色がとても鮮やかだった。おにぎりの中の梅干しはくたびれたような薄茶色だった。なんだかふしぎなその二つの色をずっと覚えている。母の作る卵焼きはいつも薄い黄色だった。砂糖を少し入れると友達のお弁当箱に入っているあの時と同じ鮮やかな黄色の卵焼きになるのを知ったのはずっと後、大学生になってからだった。

「台風が来たゆうのにパパは夜遅くになってやっと帰ってきて、家が水につかってしもたゆうて、服着て靴のまま水に入って家まで歩きはった。もうみんな避難したあとや」。あきれたように母が話すのを何度も聞いた。

四小の講堂が避難所になって、大きな硝子窓にお札が何枚も貼られ、おじさんたちがランニングシャツやステテコ姿で寝そべっていた。兄と坂の上まで行ってみると、家のあたり一帯は湖になっていた。ボートが浮かんでいた。

そんなことがあって以来、大きな台風が来る、というと家中が緊張した。母はまず非常食の心配。ラジオをつけてニュースに耳を傾け、「おにぎり作ろうか」。いつの間にか私はおにぎり担当になっていた。中学生になっていた姉は家財道具を母と片付け始め、兄は家中の窓をぴっちりと閉め、幼い弟は遊んでいる。父はいつも姿がなかった。坂の下に排水ポンプが設置されたのは私が小学校を卒業する前の頃だった。

＊

吉祥寺北町の坂の下の小さな家で六人家族が暮らした。私が小学生になって増築するまで、姉と兄と私は布団を並べて寝た。本好きの姉が毎晩お話を聞かせてくれた。身体の弱い姉はバイオリンを習い、それから父の買ってくれたステレオでよくクラシックのレコードをかけていた。兄は野球選手になると決めていて、小学校の高学年になると夕暮れまで校舎の壁に向かって一人でピッチング練習をしていた。

夕食の頃、母にいわれて兄を呼びにいった。兄のバットを私は肩に担ぎ、一緒に坂道を下りた。「お兄ちゃん、野球選手になるの？」「うん、なれたらな」。パパが、「韓国人はいい大学出ても日本では就職もできん、ハリ（張本勲）をみてみい、カッ〜ン!! とホームラン打ったらだれもなにもいわへん。自分の力で生きろ」。何度も聞いていた。私は……、幼稚園のときからバレエを習っていたので、バレリーナになろうかな、と考えたりしていた。

東京に引っ越した後、母はある宗教を熱心に信じるようになって、それはやがて父との葛藤の原因にもなった。父は独立して立ち上げた出版社も、新しい仕事もうまくいかなかった。私が高校に行く頃には何日も家を空けることもあった。両親の諍いと、それを黙ってみている私たち。そんな歳月が長く続いた。

台風がくる直前、生ぬるい風が吹き始めて、空がどんよりと沈み、木々の葉が騒ぎ始めると、今でも私はへんにうきうきしてくる。あの頃、一つのテントの中で家族みんなが肩を寄せ合っているような。荒れ狂う嵐の夜、家の中ではこれから家族だけの冒険が始まるようなへんな緊張の中で、みんなが一緒におにぎりを頬張った。そんな心の底に沈んでいる私の遠い記憶を台風が呼び起こすからだろうか。

〈秘苑《ピウォン》前の茶房《タバン》の雙和湯《サンファタン》〉

１９８０年代初頭、サムルノリの活動拠点となったソウルの小劇場、〈空間《コンガン》舎廊《サラン》〉は建築事務所〈空間〉社屋の地下にあった。その建物の中庭の門を出て、路地を少し東に入り小さな雑貨屋の前を抜けると、秘苑の低い石塀の道に出る。石塀はなだらかな坂に続いていた。その坂を私は歩いた。空間社の管理をしているキム氏アジョシ（おじさん）とキム・ドクスと。

その前年に私はドクスと結婚を約束し、じゃあ空間舎廊の近くに部屋を借りよう、とドクスがいった。結婚式が近くなった頃、その付近をよく知るキム氏アジョシがいくつか物件を紹介してくれることになったのだ。背筋が伸びて高級ホテルの支配人のように黒い背広とまっ白なワイシャツがよく似合うキム氏アジョシのあとを私たちはついていった。

坂道の塀と反対側の路地を入ると古い韓屋や粗雑なコンクリートで固めた塀の平屋が並んでいた。どの家も古くて固い門があって、それを押して中に入ると寂れた狭い庭があった。庭を囲むようにいくつかの部屋が並んでいた。

アジョシが声をかけると、部屋の引き戸が中から開いた。部屋は、ただ、部屋一つあるだけだった。トイレも台所もないまさに一個の房《パン》だったのだ。「部屋」、というのはこういう意味だったのか。アジョシは住人と、アンニョンハセヨ、と親しそうに挨拶を交わしていた。私は庭に立ったまま少し中をのぞきこんだ。昼間だというのに、部屋の中は薄暗く、オンドルの床には敷かれたままの布団や鮮やかな色の毛布が乱れていた。3月の中旬も過ぎたのにまだ寒くて、床の暖気を保つためなのだろうか。部屋の住人である女性はいまその毛布の中から身を起したばかりというふうに、座ったまま乱れた髪に手をやって、アジョシと短い会話を交わしていた。ドクスも会話に加わっていた。その次の家もそんなふうだった。その次の家も似ていた。なぜか一様に部屋は翳の中にすっぽり入ったように暗くて、湿っていて、住人はその翳の中の主人のようだった。私は黙ったまま庭に立っていた。

そんなふうに3軒を見た。それからゆるい坂を下りながら先を行くアジョシの背中を見つめて私は歩いた。

背広の背中が滲んできた。横を歩くドクスの顔が目の端に入った。少しずつ、彼との歩幅をずらして歩いた。空間社の前にくると、アジョシはふり向き、ドクスと挨拶を交わし、私の方に目をやった。しようがないなあ、とでもいうように軽い笑みを作って。私は涙に気づかれないよう、少し俯きかげんに軽く頭を下げた。

秘苑前の信号を渡って、雲泥洞《ウニドン》路地の入口の茶房*に入った。古くて狭くて窓がなかった。小さなテーブルを挟んで私とドクスは向かいあって座った。茶房アガシ（ウエイトレス）が注文した雙和湯をぶっきらぼうに置いていった。カップの中の濃い茶色の液体に松の実と棗のスライスが浮いて、その真ん中にはウズラの卵の黄身が浮かんでいた。泥の沼に小さな小さな月が落ちた、といつもこの雙和湯を目の前にするたび私は思った。

さっき、といいかけて私は口をつぐんだ。スプーンでその月を中心にぐるぐると液体をかき混ぜ、月を壊し、崩れた波紋が模様をつくって広がるのを見とどけ、ゆっくり口に含みぐっと飲む。いつもならそうした。

ソウルに来て1年近く経っていた。伝統の舞踊を習い、言葉を勉強し、ソウルで暮らした。目の前のこの人と会って、夏の終わりに結婚を語り、秋には婚約を交わした。

ソウルでの暮らしは、戸惑いや驚き、好奇の日々だった。この街は熱狂と喧騒の巨大な前近代都市。文化がちがう。当たり前だ。その文化を私は求めて来たのではなかったか。文化の根っ子の先の、いま土の中でしっかりと伸びている、その伝統の舞を自分のものにしたかったのだ。それから太い根を力強く伸ばしている伝統の音楽を演奏するこの人と出会い、そして、一緒に暮らしていくことに決めた。でも……、わからないことだらけだった。当惑するたびに、私の心はつぶやいた。「ここではこれがふつうなのだろうか」。きっとそ

＊茶房：喫茶店

うだ。でも……、さっき、さっき私の心によみがえったこと。

＊

小学校4年生の頃、クラスの友達の家に行った。ふだん言葉数が少なく、一人で教室の隅にいることの多かったその女の子とはとくに親しいわけでなかったが、彼女の母と私の母は宗教のことで近しくしていた。お兄さんが二人いて妹が一人と末の弟。妹は病気でいつも血の気のない顔をしていた。おじさんは中学の体育の先生だった。おばさんは幼い弟をいつもねんねこで負ぶって、後ろで束ねた髪がいつもほつれて、額にも垂れていた。体育の先生をしているというおじさんはお酒を飲むと暴れるのだ、と母たちが話しているのを聞いたことがあった。

おじさんは、お酒に酔って家に来て玄関の戸を激しく叩いたことがあった。

「金子さ〜ん、金子さ〜ん、うちのやつ宗教誘うのやめてくれよ、やめてくれっていってんだよ。おい、出てこい、やめろっていってんだ！」

父はまだ帰っていなかった。私たち兄弟は怖くて黙ったまま母の顔を見上げた。交番に連絡しなくていいのだろうか。母は、眼鏡の奥の冷たい眼を光らせたままでいった。

「ほおっておきなさい」

ある日、母の使いで、小さな風呂敷包みをもってその友達の家を訪ねた。学校の裏の路地を入った古い木造の2階建て。1軒の建物にいくもの所帯が入っていた。古びた戸を開けると、学校の下駄箱のような玄関にたくさんの靴が散らばっていた。病院のスリッパのような茶色のすり減ったスリッパに足を入れ、教わったまま階段を上った。2階の廊下の突き当たりのお家。歩くとミシッミシッと音がする板張りの廊下には、流しとその横にガスコンロが並んでいた。トイレは反対側の端にあった。突き当たりの戸の前でノックをして、こんにちは、といった。おじさんはまだ学校から戻っていないだろうな。

中から低い声が聞こえて、ドアが開きおばさんが顔を出した。包みを渡してそのまま帰ろうとすると、「りえちゃん、ちょっと待って、麦茶あげるから」、と私を手招きした。家の中は薄暗かった。8畳ほどあっただろうか。押し入れの襖に沿って、布団が敷かれていて、その布団の上に病気の白い顔の女の子が座っていた。パジャマのままだった。下の子はおばさんの背に負ぶわれていた。小さなちゃぶ台の前に座るようにいわれ、私はその前に正座した。家族みんなが一緒にこの部屋で暮らしているのだろうか。窓は閉め切られて、なんだか淀んでいた。翳のようなところ。

麦茶の入ったセルロイドのコップが二つ、卓の上に置かれた。白い顔の女の子が布団から出てきて、私の座った太腿の横に自分の太腿をぺたりと当てるようにして座った。それから、二つのコップを両手でとり、一つを私の顔の前に出してから白い顔で薄く笑った。私は黙ってそれを受け取り、口をつけた。少しだけ飲んだ。甘い。麦茶にお砂糖が入っている。日本のお家では麦茶にお砂糖を入れて飲むのだろうか。妙な甘味の麦茶が、いやに気味悪く口の中に溜まった。きゅうに見慣れない景色の中にぽつんと取り残されたような心細い気持ちになって、コップを置いた。「全部飲みなさい」、とおばさんがいった。「あの、もうお腹いっぱいなんです」。ここから出たかった。立ちあがり、「どうもありがとうございます」、とお辞儀をして部屋を出た。急ぎ足で階段を下り、靴をつっかけて外に出た。早く早く。妙に心細くなって、迷子になったように心臓が頼りなくなった。早くここから遠くへ、早く早く家に家に帰らなければ……。夕暮れの道を私は家に向かってけんめいに走った。

＊

湿って暗い、翳のような、あの部屋のことを忘れていたのに、ソウルのこの町で、さっき記憶の中からふとよみがえったのだ。あの坂道の路地の家。その部屋の戸を開けるたび、あのときの深い翳にすっぽりと覆われてしまうような気がした。この世界の翳のようなところ。

あの部屋に身を置かなくてはならないのだろうか。

この国で暮らし始めるとは、そういうことなのだろうか。そこに自分を入れなくてはならないのだろうか。そうすることが、自分を韓国という血の本流にもどすことなのだろうか。さっき、とつぜん芯から心細い迷子になったみたいな気がした。それで、涙が少し出たのだ。それから眼の前にいる人が急に遠いところの、見知らぬ人のように思えた。でも、これが〝ふつう〟なのだろうか。だとすると、これから私はどこへ行くのだろうか。

泥沼に落ちた満月をそのままスプーンで掬って、受け皿にすっと落とした。黙っていたドクスが、「それ飲まないの」、と小さな声で訊いた。私は、黙ったまままこっくりした。それからべっとりとして苦くてへんに甘い液体を口に含み、喉の奥へ流し込んだ。

南家の食卓

南 椌椌
Minami Kuukuu

みなみ・くうくう
南相吉・Nam Sang Kil
1950年東京生まれ。吉祥寺でカレー屋を経営するかたわら、1992年よりガラス絵とテラコッタによる「桃の子供」シリーズの創作を始める。日本、韓国で個展多数。詩文集、絵本、作品集などがあり、近著に『雲知桃天使千体像』、詩集『ソノヒトカヘラズ』。

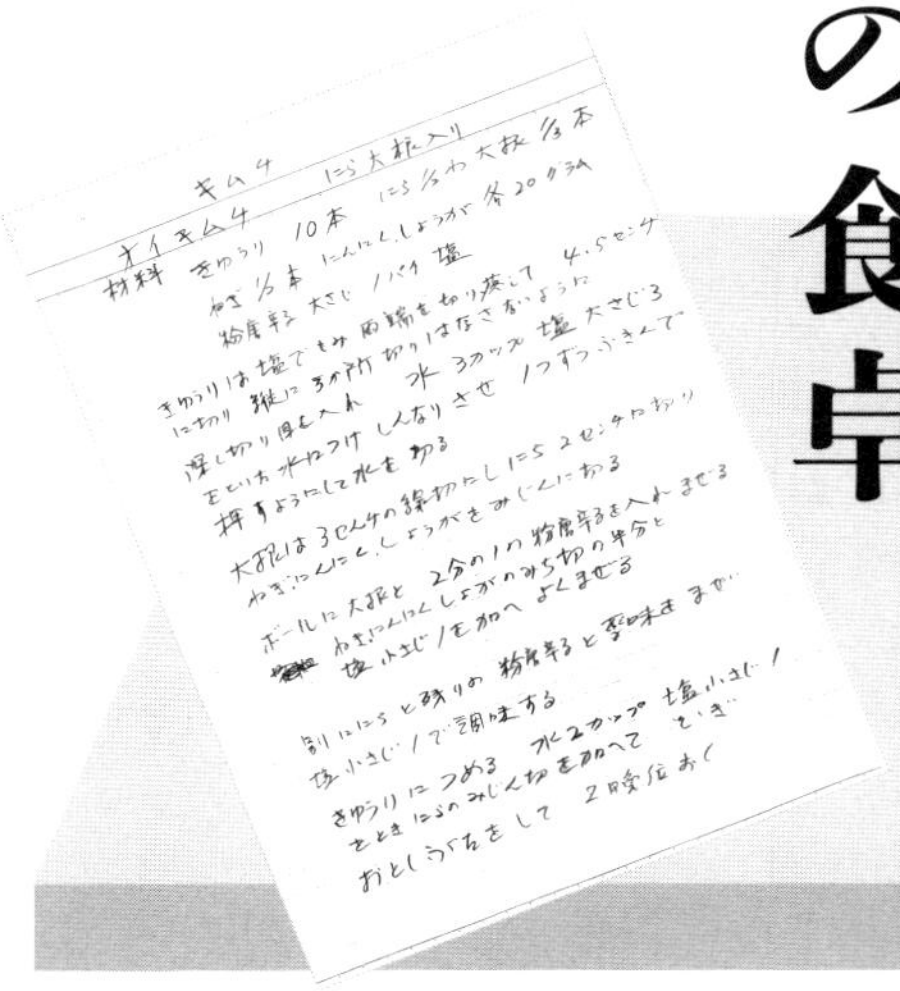

別冊『中とも』に「南家の食卓」というテーマで書きなさいと、編集長から指令が下ってきた。韓国文化の中で料理ほど多彩で親しみやすいものはなく、実際に在韓の人々や旅行者で好みの料理や飲食店がいくつも思い浮かぶ方は多いだろう。なのに、わざわざ編集長が僕のような中途半端な在日のカレー屋に、「韓国料理について一文を書け」と言ってきたのかには理由がある。それは、僕の母が生粋の日本人で、戦時中に慶尚南道・晋州から渡って来た韓国人の父と結ばれたことから、こつこつと独学で学んだ素朴な韓国料理が、僕の結婚した日本人のせつ子さんに伝承された。その話が、ありそうであまりないので、面白い文章になったら、掲載してやるからという。なるほど、編集長らしい卓見のなせるわざだ。

「南家の食卓」の主人公、母・村上利子について、思い出せることから始めたいと思う。東京下町の貧しい母子家庭で育ち、どんな少女時代を過ごし、どんな経緯で父・南炳熙《ナムビョンヒ》と出会ったのか。

母・利子は1921（大正10）年、東京府西葛西郡吾嬬町亀戸一丁目で、村上弥吉とせいの間に生まれた。当時の下町では平凡な長屋の狭い家だったろう。利子には1908年生まれの長兄・一雄と1913年生まれの次兄・松次郎のふたりの兄がいたが、松次郎は1944年ニューギニアで戦死している。

母が生まれて2年後の1923年には関東大震災が起こり、東京の下町も壊滅的な被害を被った。翌年には没することになる弥吉も存命中で、大震災後の混乱といわゆる自警団・暴徒による朝鮮人虐殺の渦中にどのようであったかは想像することもできないが、利子は3歳の時から浅草近辺で貧しい母子家庭の子として育つことになる。

幼かった母は辛く悲しい思いを噛みしめる日々だったろう。七五三で着飾った近所の子たちが嬉しそうに千歳飴の袋を下げて歩いているのを、吾妻橋の欄干に顔を隠して、通り過ぎるのを待っていたという話を聞いたときには、幼い母を抱きしめてやりたくなったものだ。

はっきりした記録があるわけではないが、母は1927年に6歳で亀戸の浅間《せんげん》尋常小学校に入学、1933年に12歳で卒業後は高等小学校には行かず、すぐに奉公に出て働きはじめていたようだ。母から聞いた話では、当時すでに建設会社として大きく発展していた鹿島建設の社長さんの家に奉公に入ったとのこと。そこで先輩の女中さんたちに、家事全般、作法、料理の基本も教わることになったのだと思う。きっと、ふたりの兄たちも同じように奉公務めをしていたのではないだろうか。

母が何年のあいだ鹿島建設社長宅で働いていたのか定かではないが、およそ10年後の1944年夏には兄一雄の居住していた新宿区西落合に移り住んでいた。戦況の悪化は甚だしく、東京にもたびたび空襲警報が鳴り響いていた頃、母は都内の鍍金《メッキ》工場に勤労動員され働きに出ていた。

父が、故郷の慶尚南道晋州郊外の山里から、同郷の伯父を頼って日本に渡って来たのは１９３９年2月16日18歳の時である。そして父もまた勤労動員の対象とされ、同じ鍍金工場で働いていた。

父と母がどういう経緯で、思いを通じ合わせ恋仲になったのか、いまさら知る由もないが、昭和20年３月に西落合の家で同棲を始めたようだ。まさに東京大空襲のあった3月である。

父は日本に渡航する前、故郷晋州で親の勧めるままに、妻を娶り、僕たちにとっては異母姉が生まれていた。山里に少しの田畑はあったとはいえ、家族を養うにはなんとも侘しいものだった。父が同郷の伯父を頼って下関から東京中野を目指したのも植民地下では多くの例のひとつに過ぎないだろう。晋州に妻と娘をのこして、父が母と暮らしはじめた西落合の家は、僕たち兄弟が生まれた懐かしいボロ屋であった。

さて、「南家の食卓」はようやくここから始まります。母は料理が上手だった。和風の煮物、さばの味噌煮、すいとん、さつま芋とかき揚げの天ぷら、白菜ときゅうりのお新香、おでん、黄色いカレー、肉じゃが、ちくわ麩の入ったすきやきなど、子供心に「おかあちゃんのごはんは美味しい」と思っていた。

まだまだ貧しかった在日の家、韓国料理のいろはもわからず、父の好みに合わせるのは大変だったろう。近所の八百屋に買い物に行った折、八百屋のおかみさんから「ご主人は何を食べているの？」と見下げたような好奇の口調で問われた時、「普通のごはんを食べています！」ときっぱり返したけど、本当に口惜しかった！」とせつ子さんに述懐したそうである。

僕がはじめて食べた母の韓国料理はたぶん１９５７年、小学校一年生の頃だったと思う。学校から帰ると母の目を盗んで冷蔵庫を開け、母が仕込んだ白菜のキムチを手でつまんで、大口あけてつまみ食いして冷蔵庫を閉める。1分もたたないうちにまた冷蔵庫を開けて同じようにパクリ！　そしてもう一度。外に遊びに行くまでの15分くらいが至福の勝負時間だった。
母が遺した日記にいくつかキムチのレシピがあったので書き写してみる。

白才のキムチ　もう1つの漬け方

白才2株　塩（下ごしらえ用）100グラム　大根400グラム　ねぎ1本　梨1個　せり1束　粉唐辛子150グラム　にんにく　しょうが各40グラム　あみの塩辛　煮干各50グラム　たらこ200グラム　塩大さじ1　梨汁

たれは熟成させます（白才の塩漬けのまへ　もっとまへにつくる）
煮干はなべでからいりしてから3カップの水を入れ半量になるまで煮詰めます（からいりするとアクが出ず　うまみのあるだしがとれます）
あみの塩辛は1カップの水を入れ煮たたせます
しょうがとにんにくをすりこぎでたたきつぶし
粉唐辛子を入れあみの塩辛汁（あたたかいもの）を入れ根気よくすりまぜます　これに煮干のだし汁1カップと皮をむいたたらこを加へる
白才の塩漬け　白才は重く新鮮なものをえらぶ
白才はたてに半分に切り　切り口を上にして　ぬれた手に塩をつけ　1枚1枚の葉にぬりつける　根元はとくにていねいに　塩をした白才は5キロのおもしをのせ　1晩おき　よく日上下にかえす　さらに半日か1日おいたあと　洗わずに　たれをていねいにぬりつける　たれをぬる前に具をきざむ　大根ねぎ　せりを細切りにして　たれを少しまぜておく
たれをぬりながら具をはさみ容器に入れ　のこりのだし汁　塩　梨汁を入れ冷暗所に保存します

オイキムチ　にら、大根入り

きゅうり10本　にら1/2わ　大根1/3本　ねぎ1/2本
にんにく　しょうが各20グラム　粉唐辛子大さじ1パイ
塩

家族への思いを綴ることの多かった母の日記には、料理レシピが添えられることも多かった。きっとちびた鉛筆でこつこつと書いたのだろう。家事や町工場の仕事に追われ、いつも疲れていた母にとって、このノートは癒やしの場でもあったのだと思う。あらためて南家の食卓の風景が甦ってきます

きゅうりは塩でもみ　両端を切り落として　4、5センチに切り　縦に3ケ所切り離さないように深く切り目を入れ　水3カップ塩大さじ3をといた水につけ　しんなりさせ　1つずつふきんで押すようにして水を切る

大根は3センチの千切りにし　にら　2センチに切りねぎ　にんにく　しょうがをみじんに切る

ボールに大根と2分の1の粉唐辛子を入れまぜるねぎ　にんにく　しょうがのみじん切りの半分と塩小さじ1を加へよくまぜる　別ににらと残りの粉唐辛子と薬味をまぜ塩小さじ1で調味する　きゅうりにつめる　水2カップ塩小さじ1をとき　にらのみじん切りを加へてそそぎ　落としぶたをして　2晩くらいおく

カクトゥギ

大根1キロ　塩小さじ1　長ねぎ1/2本みじん切り
ごはんのおねば大さじ2　あれば梨汁　砂糖大さじ1

たれ――あみの塩辛50グラム　粉唐辛子30グラム
しょうが20グラム
たれの材料をすり鉢ですりつぶし　全部をまぜあわせ
充分にまぜ　2、3日ねかせておきます
大根は2センチ角に切り塩をして1時間ほどおきます
あと2、3時間　日に干します
のち　たれをまぶして　かめに移して3、4日したら
たべられます

キムチ、ムルキムチなど。詳細なレシピが残されているが、どこで覚えたのだろうか。原本になる料理本があってそれを母なりにまとめたものなのか、ノートに鉛筆で書く文字と文章の流れは母そのものだ。割烹着を着た母の姿が思い浮かぶ。キムチ系以外でも、わけぎのプッチムや韓国風クレープなど、いくつかのレシピが残っている。

また、母の残したレシピは韓国風のものだけでなかった。名前だけをあげておく。
梅田楽　梅もとけずりがつお　鶏の梅肉入揚げ団子
スペアリブの中国風味焼き　キンメダイの味噌かす漬け　牛肉のワインブレゼ　イカのガーリックオイル焼き　ワカサギの風味揚げ　ホワイトソースの作り方　鮭のチャーハン　信濃のお焼き　買ってみたい生ドレッシング　生でないサラダ　すしめしのおいしいつくり方　だし汁のとり方　オックステール鍋　水餃子　揚げどりのおろし煮

母は父が町工場を経営中は工場での仕事、子どもたちの世話、多いときには13人の住み込み従業員の食事、洗濯などで疲れ切っていたはずだが、きっと愛する父のために寸暇を惜しんで韓国料理の初歩を独学で学んだのだと思う。本当に頭が下がります。

毎年年末から正月にかけては、母の料理労働は途方もない域に達するのが常だった。我が家のお節はひと通り和風のものから、多くの韓国風の祝膳まで、仕事

納めの29日から準備がはじまり、30日、31日の除夜の鐘が鳴るまで、母はほぼ不眠不休で働きづくめだった。ふたりの姉は結婚も早く、結婚してからは姉たち家族も新年2日には勢ぞろいする。毎年のように20人を超える新年会だった。

年の瀬29日、父がアメ横で買ってきたのか友人の韓国料理屋で調達してきたのか、何本もの棒だらが我が家に到着すると、子供たちは新聞紙をひろげて頭寄せ合い、メンタイと呼んでいた棒だらをむしってほぐすのが恒例だった。そこに韓国風甘辛風味の味付けをするのはもちろん母の仕事。時折つまみ食いするメンタイの旨かったこと!

1977年に僕が日本人の舞踏家・山田せつ子と結婚してからは、せつ子さんも母の手際を見ながら、韓国風の祝い料理を覚えていった。結婚するまで、キムチはおろか、にんにくを使った料理など食べたこともなく、在日と結婚することの意味も現実もほとんど想像することもなかった長野県の良家の子女が、放り込まれた半異文化の坩堝だったろう。

母が1990年、68歳というまだこれからという年齢で亡くなってからは、せつ子さんがその役割を引き継がねばならなかった。舞踊家として世界の舞台で公演を重ねてきていたキャリアは年末には封印してもらうしかなかった。たまたま在日二世の長男と結婚したばかりに想定外の苦労をかけることになってしまい、申し訳なく思うばかりです。

せつ子さんが母から受け継いだ韓国風の料理は、母没後35年近く経った今でも新年のお膳を飾っている。

正月の「南家の食卓」

焼き物のプッチム――人参だけ、ねぎだけ、ニラだけの3種

しいたけの肉詰め（合い挽きと、水切りした木綿豆腐を捏ねて入れる）

ピーマンの肉詰め（具はしいたけと同様）

海老と真鯛のジョン　塩胡椒して卵と小麦粉をつけて香ばしく焼く（これらを醤油、酢、胡麻油少々、コチュジャン少々、細ネギのみじん切りのタレに付けて食べる）

豆腐の包み煮——ひき肉を練ったものを木綿豆腐で挟んで煮付けたもの。片栗粉をまぶし、だし汁、醤油、みりん、酒などとともに煮込む。豆腐は芹をゆがいてひも状にしたもので縛る。

鶏肉モモを大きく切ってたけの子、人参、椎茸のエスニック煮物（出汁が和風でない。母の工夫）

チャプチェ

太刀魚の煮付け（タレはニンニク、醤油、みりん、ヤンニョムジャン）

海老の鬼がら焼き

トックを使った韓国雑煮（牛肉の塊をあらかじめ醤油、みりんで煮ておく。それを出し汁に入れたトックの上に薄焼き卵の千切りと、さやえんどうの千切りと一緒に載せる）

ナムル　ぜんまい、豆もやし、ほうれん草、茄子、人参

わかめスープ

これに加えて和風の煮物など数品も含め、近年まで25人分をせつ子さんほぼひとりで作っていた。年末はゆっくり紅白歌合戦を見るどころではない戦場のようで、除夜の鐘が鳴り、ゆく年くる年が始まるとやっと炬燵に入れるのだった。それでも、新年の南家勢ぞろいの食卓はちびっ子たちも入れ替わり、それはそれ、賑やかで喧しい宴となるのだった。

近年は友人の料理人に任せる品数も増え、やや楽になってきたとはいえ、「南家の食卓」はほのぼのとした牧歌的な風景などではなく、母とせつ子さんの献身的な努力に支えられてきたのだと痛感します。この一文を書きながら、改めて感謝と慚愧の思いを禁じえないという言葉で〆たいと思います（来年は後期高齢者になるのを機に、年末にはエプロンつけてメニューのいくつかを作ってみせましょう！）。

追記　母が病を得て亡くなる少し前のことだが、あることで父に懇願したことがあった。僕が生まれた昭和25年の頃か、家計が厳しく、晩ごはんのおかずを作ることも叶わなかった日、なじみの魚屋からさばを二本借りたままになっているのを思い出し、「お父さん、西落合の魚屋さん、まだやってるはずだから、さばのお金返しに行ってくれませんか」と病院のベッドで頼み込む母。父はそんな昔の話とは思ったものの、母の頼み通り、練馬関町の家から西落合の魚屋へ事情を話しに行ったそうだ。まだ存命だった主人はその話を覚えているはずもなく、固辞するのを説得し、幾許か、さばの代金を置いて来たというのだった。父はその頃、雨の日も雪の日も電車を乗り継ぎ、日に日に弱くなってゆく母を見舞いに病院へ通ったが、さんざん苦労をかけた母への恩返しのつもりもあったのだと思う。きっと韓国風味の「さばの味噌煮」になった二本のさば、「南家の食卓」の一コマであっただろう。

1985年頃、60代半ばの父母、ようやくゆとりある日々も訪れて

著者近況

荒井カオル

2024年9月、ヤンヨンヒ＆荒井のコンビでキャンベラのオーストラリア国立大学に出かけてきました。2日間にわたり映画『ディア・ピョンヤン』『愛しきソナ』『スープとイデオロギー』の上映会が開かれ、Q&Aセッションが大いに盛り上がったものです。休憩時間にはキムパ(ノリ巻き)や鶏のオカユが無料で配られ、観客も交えてみんなで食べるイキな趣向。ベジタリアンのために、チキンを使わないオカユまで用意されました。キャンパス周辺を散歩していると、野ウサギやカンガルーの群れと遭遇してビックリ。東京に帰りたくないなあと言いながら、オーストラリアツアーを満喫してきました。

伊東順子

先日、韓国フォークの元祖ハン・デスさんにお会いして、大好物だというヤンコチ（羊串）のお店に。煙の中で、先立たれたモンゴル系ロシア人の妻オクサナさんと訪ねたウランバートルの思い出などを聞きました。

李銀子

冒頭のだいこんの花の挿絵は、4月に中学生になった孫のフィンに描いてもらいました。彼の母親はオランダ出身で、小学2年生のとき夏休みをオランダの祖父母宅で過ごす彼を送り届けるため夫の張さんと二人でオランダに同行しました。その際、三人でオランダから列車でフランスへ3泊4日の旅に出ました。三人の珍道中の旅でしたが、パリのピカソ美術館では彼がピカソの絵に興奮し、以来ピカソのサインを模して自分のサインをつくりました。モネのオランジュリー美術館では絵に見向きもしませんでしたが……子どもはおもしろいです。

大瀬留美子

今年、済州島で初めて馬肉のコース料理を食べた。ユッケ、寿司、焼き肉、煮物、スープが次々と出てくる。馬刺しと桜鍋しか食べたことがなかったので、焼き肉は大変衝撃的であった。正直、食べるまでなんとなく拒否感があった。ジュッと焼いて一口。いやいやいや、大変やわらかく、さらっとして甘みのある脂が口の中でジュワッと溶けていく。これを食べるために生きてきたのだとオーバーな表現だが、それくらいおいしかった。また馬肉を食べに済州島に行きたい。

カン・バンファ

一番好きな食べ物は、自分以外の人が韓国海苔で巻いてくれた一口おにぎり。

きむ・すひゃん

メジュ用の大豆を煮ているときに転んで、手の指を骨折して手術入院。病院のテンジャンククが不味すぎて、カンジャンと乾燥メセンイ（カプサ青海苔）を持ち込み、お湯を注いで即席スープを作ってしのいだ。やっぱり出汁がなくても十分美味しい。醤で骨折し、醤に救われた秋でした。

金恵貞

今秋は家族と工房スタッフと一緒に新安郡曽島まで韓半島西海岸をドライブした。木浦では大橋を渡ってケーブルカーに乗り、儒達山から旧市内と北港を見渡して感動。海南では頭輪山にある古刹大興寺を訪ねた。秋の韓国は本当にどこも美しいけれど、全羅南道は特に最高。何もかも美味しい旅でした。

金利恵

「救急車呼んで!!」といわれ、即、携帯、とはならず、緊張と動転で私は、「あっ、あの、救急車って何番？」。119、112、114、110……、頭の中はごちゃごちゃで爆発寸前。ここで検索？　まさか。すわ、痛がっている本人が連絡。あっ、119番かあ。事故などの緊急連絡先だと思っていた。救急隊員到着、病院移送、保護者乗車。でも、これすごい揺れ。ソウルの舗装道路なのに。救急車がどうしてこんなに揺れるの？　クッションなし？　こんなじゃ患者の容態が……、頭へ振動が……、などと心配しているうちに病院に着いた。そして、一週間後。……ヒュー（ため息）、なんとか退院しました。

金誠

雪虫が飛び始めた札幌は紅葉が美しくも短い季節を経て、雪と氷の日常が迫ってきます。雪道は歩くのも走るのもこわい……、凍った歩道に薄っすら積もる新雪の取り合わせが最高のトラップ。去年はそれを踏んで３回ほど転びました。今年は絶対に転びませんように。

斎藤真理子

水正果は作れるが、韓国料理はろくに作れない。友達の作ってくれるキムチチゲが絶品なので、食べに行く。松の実のお粥を作りたいが、そのためにはまずミキサーを買わないとだめですね。『在日コリアン翻訳者の群像』（SURE）という本が出ました。書店にはほとんどなく直販が主なので、検索して買ってください。

佐藤行衛

ここ最近は、トロット歌手のMarikoさんとのデュオ活動が多いのですが、ライブやレコーディングで韓国の地方に行く機会もあり、先日、光州で食べた豚ホルモン焼き（コプチャングイ）は、醤油ベースの甘いタレで、大変美味しいものでした。韓国生活も四半世紀になるのですが、まだまだ食べたことのない味に出会える喜びに、狂喜乱舞する今日この頃であります。

すんみ

韓国において男性性がどのように形成され、今どのような問題が起きているかを分析したチェ・テソプ『韓国、男子』（みすず書房）を小山内園子さんと一緒に訳しました。お楽しみください。

宋毅

すこし秋めいてきたので休みを取って京丹後の伊根の舟屋へ行ってきました。自宅の神戸から車を飛ばして２時間余り。舟屋とは一階部分が海から直接つながった舟置き場で二階部分が住居スペースです。宿でゆっくり本でも読もうと持参した本は、以前に読んだ今話題のノーベル賞作家ハン・ガン氏の『ギリシャ語の時間』。ゆっくり温泉につかり新鮮な日本海の魚介料理と地元酒蔵で買ってきた地酒を楽しみながら……、本の表紙すら開くことなくいつしか夢の中。久しぶりにゆっくりしました。

清水博之

新店舗準備中で少しはリラックスできるかなと思いきや、韓医院で鍼治療を受けたら肺に空気が入って緊急入院することになったり（あれ、韓医院が医療事故を認めないってどういうこと？）、連日でこぼこな床をグラインダーで削ったり（あれ、それなりの施工費を払った床の工事業者はここまでしないのかな？）、新しい体験ばかりで目まぐるしい毎日を送っています。店の定期刊行物『雨乃日通信』第４号がそろそろできそうです。

中沢けい

県立公園「群馬の森」の朝鮮人労働者追悼碑跡に時々出かけています。2024年1月末に群馬県の行政代執行で破壊されました。跡地を訪れる人は多く、お花が供えられています。また Apple 系の機材があれば、バーチャル画像で追悼碑を見ることができるそうです。あいにく Apple 系の機材は持ち合わせていないのでバーチャル画像を見ることはできませんが、季節ごとに「どんなお花を持って行こうか」と考えながら出かけています。8月末には桔梗を持参するつもりでしたが、群馬の森へ行く前に立ち寄った倉賀野の九品寺にある関東大震災朝鮮人虐殺被害者のお墓のお地蔵さんにお花をお供えしたので、追悼碑跡地には手ぶらで行ってきました。次に行けるのは冬至を過ぎた頃になりそうです。お花はなにがいいかしら?

四方田犬彦

韓国語での11冊目の翻訳、70年代朴正熙時代を描いた小説『戒厳』が刊行されました。

ゆうき

自分がまだ韓国に興味を持っていなかった時代である、20世紀のソウルの話を先輩方から聞くと、いつも胸がキュッとなる。これがどういうところから来る感情なのかよくわからないが、昔話を聞かせてくださる方、大募集です。

南椌椌

最近、腰が痛い、膝が痛い、肘が痛いなんてちょくちょくありますが、飽きっぽいので長続きせず、なんとかやり過ごしてます。今年11月4日付けで、詩集『ソノヒトカヘラズ』を詩書出版の「七月堂」から刊行いたします。装幀がとても美しいです。仮フランス装の詩とエッセイ27篇210ページ、表紙帯には「帰らなかった その人が 帰るという」と洒落た惹句が置かれています。『中とも』に掲載した作品、韓国に材をとった作品もけっこうあります。74歳、翁の「処女詩集」読んでいただけたら、大変に嬉しいことです。

八田靖史

コロナ禍の頃に韓国と無関係な趣味が欲しいと思い、将棋を観るようになりました。自分では指さず、観戦に特化した「観る将」です。仕事の合間に将棋を観るのと、日々の韓食日記をショート動画にするのが何より至福の時間です。

池多亜沙子

競売による強制退去事件、夫に起きた医療ミス事件など濃すぎる日々に心身疲弊していましたが、曽坪郡で食べた朝鮮人蔘の天ぷらの衝撃的な美味しさに「もう少しこの国でがんばろう……」という気持ちになった次第です。

中山義幸

翻訳した韓国の知識絵本『絵で旅する国境』(文研出版)が、こども家庭庁の児童福祉文化財の推薦作品(子どもたちに読んでほしい本)に選ばれたと、版元からお知らせがきました。原稿を書いた『川の科学ずかん』全3巻(文研出版)も選ばれたということで、ちょっとうれしい。

高橋潤子

11月5日に、文・高橋潤子+絵・北谷しげひさの新作絵本『ねんねねんね おやすみね』が福音館書店より出ました。大谷選手じゃないけれど、睡眠は大事ですよね。

編集後記

日々の戦争報道に胸を締め付けられながら、編集を続けてきた『別冊 中くらいの友だち　韓国の味』が完成しました。「食とはつまるところ記憶である」（四方田犬彦著『サレ・エ・ペペ――塩と胡椒』）という一文にインスパイアされて始まった企画は、朝鮮半島の伝統的な醤（ジャン）からスタートし、後半では食にまつわる思い出を皆さんに書いていただきました。そこから立ち現れたのは、在日の母や祖母など女たちの物語でした。食べたい、食べさせたい、食の記憶は今も世界中につながります。皆さんのおかげで貴重な一冊が出来上がりました。

別冊 中くらいの友だち――韓国の味

企画・制作：『中くらいの友だち』編集部
編集：伊東順子・斎藤真理子・中山義幸
アートディレクション：髙橋潤子
本文デザイン：髙橋潤子・松岡里美
DTP：Studio GICO（中山義幸）

本書は制作費の一部に李熙健韓日交流財団からの助成を受けています。

発行：韓くに手帖舎
発売：株式会社クオン
東京都千代田区神田神保町 1-7-3　三光堂ビル 3 階
TEL：03-5244-5426　FAX：03-5244-5428
URL：http://www.cuon.jp/
印刷・製本：精文堂印刷株式会社
定価：1650 円（本体 1500 円＋税）

2024 年 11 月 25 日　第 1 刷発行
2025 年 1 月 15 日　第 2 刷発行

ISBN 978-4-910214-70-2